도시에서 만난 야생 동물 이야기

도시에서 만난 야생 동물 이야기
열두 동물로 살펴보는 도시 생태

제1판 제1쇄 발행일 2019년 8월 15일
제1판 제5쇄 발행일 2025년 7월 17일

글 _ 정병길
그림 _ 안경자
기획 _ 노정임, 책도둑(박정훈, 박정식, 김민호)
디자인 _ 토가 김선태
펴낸이 _ 김은지
펴낸곳 _ 철수와영희
등록번호 _ 제319-2005-42호
주소 _ 서울시 마포구 월드컵로 65, 302호(망원동, 양경회관)
전화 _ (02) 332-0815
팩스 _ (02) 6003-1958
전자우편 _ chulsu815@hanmail.net

ⓒ 정병길 · 안경자 · 노정임 2019

* 이 책에 실은 내용 일부나 전부를 다른 곳에 쓰려면 반드시 저작권자와
  철수와영희 모두한테서 동의를 받아야 합니다.
* 잘못된 책은 출판사나 처음 산 곳에서 바꾸어 줍니다.

ISBN 979-11-88215-29-4 73490

철수와영희 출판사는 '어린이' 철수와 영희, '어른' 철수와 영희에게
도움 되는 책을 펴내기 위해 노력하고 있습니다.

어린이제품 안전특별법에 의한 기타 표시사항

제품명 도서 | **제조자명** 철수와영희 | **제조국명** 한국 | **전화번호** (02)332-0815 | **제조연월** 2025년 7월 | **사용연령** 10세 이상
주소 04018 서울시 마포구 월드컵로 65, 302호(망원동, 양경회관)
주의사항 종이에 베이거나 긁히지 않도록 조심하세요. 책 모서리가 날카로우니 던지거나 떨어뜨리지 마세요.

* **일러두기:** 갯과, 고양잇과, 족제빗과는 개과, 고양이과, 족제비과로 표기하였습니다.

철수와영희 어린이 교양 ❹

도시에서 만난 야생동물 이야기

열두 동물로 살펴보는 도시 생태

정병길 글 | 안경자 그림

철수와영희

머리말

야생 동물을 만나고 싶은 친구들에게

야생 동물 좋아하니? 삼촌은 어릴 때부터 동물을 좋아했어. 강아지와 놀기 위해 괜스레 친구네 집을 놀러가거나, 토끼나 닭을 키우는 집의 사육장을 날마다 기웃거렸어. 텔레비전의 다큐멘터리 프로그램에서나 볼 수 있는 야생 동물의 멋진 모습을 실제로 보면 얼마나 좋을까 상상도 했지. 사람이 키우는 동물도 충분히 흥미롭지만, 마음속에는 야생 동물을 만나고 싶다는 소망이 가득했어.

기린이나 사자 같은 동물이 아프리카에 산다는 것쯤은 잘 알고 있었어. 그래서 우리나라에 사는 야생 동물을 만나야겠다고 생각하고 정보를 모았지. 삼촌이 어릴 때 접할 수 있었던 야생 동물 책을 읽어 보면 공통점이 있었어. 그들은 너무 희귀한 데다가 깊은 산 깊은 골짜기, 또는 배를 타지 않으면 접근하기 힘든 큰 강 하구 같은 곳에 산다는 거야. 안타깝게도 어릴 적 삼촌에게는 그런 마법의 장소까지 안내해 줄 어른이 없었지 뭐야.

시간이 흘러 야생 동물을 취재하거나 구조하는 일을 하게 되면서, 야생 동물은 사실 우리와 매우 가까운 곳에도 살고 있다는 점을 깨달았어. 사람이 접근하기 힘든 숲이나 섬 같은 곳에서만 사는 야생 동물도 일부 있지만, 실제로는 인간이 살고 있는 농경지 근처에 훨씬 더 많은 야생 동물이 있었어. 심지어는 우리가 사는 도시에도 살고 있지. 친구들이 어디서 살고 있든지 그 마을에는 반드시 동물이 살고 있을 거야.

이제부터 삼촌이 도시에서 만나본 야생 동물을 소개할 거야. 삼촌은 여전히 동물을 아주 좋아해. 그래서일까? 도시에서 마주친 야생 동물들이 꽤 있어. 도시에 사는 우리와 매우 닮았으면서도 다른 동물들의 삶을 엿보기도 하고, 어떻게 하면 야생 동물들과 사람이 함께 어울려 잘 살 수 있을지도 생각해 보았으면 좋겠어.

자, 어디부터 살펴볼까? 누구부터 만나볼래? 도시의 동물들은 생각보다 아주 가까운 곳에 살고 있어.

2019년 8월
정병길

차례

머리말 _ 야생 동물을 만나고 싶은 친구들에게 _ **4**

1부 새 _ 고개를 들어 하늘을 보면

- 둥지와 알 _ **12**
- 생활사(한살이) _ **13**
- 날개 _ **14**

❶ 황조롱이
도시 하늘의 맹금류 _ **15**

바위 절벽 대신 고층 건물에 둥지를
먹이는 작은 동물과 곤충
멋진 사냥 장면을 보고 싶으면 강변으로

동물과 함께 생각해
유리창이 새를 죽인다고? _ **23**

❷ 참새
유연성과 개방성이 도시 적응의 비결 _ **26**

참새는 나를 관찰하는 중
참새들의 짧아진 안전거리
'새대가리'라는 누명

❸ 까치
눈썰미 좋은 도시의 싸움꾼 _ **34**

현명한 사나움
우리는 까치를 구별 못 해도 까치는 우리를 구별해
까치의 행동

동물과 함께 생각해
사람의 기준으로 동물을 판단하는 게 옳을까? _ **42**

❹ 직박구리
시끌벅적한 도시의 열매 탐식가 _ 45

직박구리가 열매의 맛을 아는 방법
새를 더 잘 알기 위한 실험
열매야 널리널리 퍼져라

<u>동물과 함께 생각해</u>
야생 동물에게 먹이를 주어도 괜찮을까? _ 52

❺ 멧비둘기
도시에 하산한 재래종 산비둘기 _ 56

도시의 사랑꾼 멧비둘기
둥지와 멧비둘기 가족
도시에서 언제나 발견되는 어린 멧비둘기

<u>동물과 함께 생각해</u>
비둘기는 유해 동물일까? _ 62

❻ 흰뺨검둥오리
이제는 흔해진 도시의 물새 _ 65

물새의 특징
텃새가 된 오리들
도시 흰뺨검둥오리 가족이 습지를 찾아가는 머나먼 길
하천의 풀숲에 집을 짓고 싶어

<u>동물과 함께 생각해</u>
새끼 새를 발견했다면? _ 74

2부 젖먹이 동물 _ 관심을 가지면 보이기 시작하는

- 우리와 가까운 젖먹이 동물(포유류)_ 80
- 동물의 흔적을 찾아서_ 81
- 도시의 젖먹이 동물_ 82

❶ 쥐

쥐가 많은 숲이 건강하다_ 83

쥐, 잘 알지만 잘 모르는 야생 동물
쥐 밀도는 생태계의 지표
도심 녹지에서 쉽게 볼 수 있는 설치류

동물과 함께 생각해

청설모가 정말 다람쥐를 잡아먹을까?_ 91

❷ 족제비

날렵한 최고의 사냥꾼_ 94

도시에 적응한 사냥꾼
먹이, 성격, 흔적
세상에서 가장 작은 육식 동물, 쇠족제비

동물과 함께 생각해

반려동물의 사냥, 인간의 잘못일까? 동물의 잘못일까?_ 101

❸ 너구리

우리나라에서 가장 큰 야생 개과 동물_ 104

가리는 음식 없이 뭐든지 잘 먹어
너구리 화장실은 소식통
새끼 곰을 발견했어요?

동물과 함께 생각해

놀이와 패션을 위해 동물에게 고통을 주어도 괜찮을까?_ 112

❹ 고라니

국제적 멸종 위기종인 천덕꾸러기 _ 115

우리가 잘 몰랐던 의외의 모습
우리나라와 중국에만 사는 송곳니 사슴
어쩌면 침입자는 사람일지도 몰라

동물과 함께 생각해
새끼 동물을 발견했다면? _ 124

❺ 산양

서울에 돌아온 암벽 생활자 _ 127

험준한 바위 지대가 산양의 안락한 삶터
암벽 생활자의 지속 가능한 식탁
끊어진 산줄기, 고립된 산양
서울에 돌아온 산양

동물과 함께 생각해
도로에서 다친 동물을 만난다면? _ 138

❻ 수달

도심 하천에 돌아온 강 생태계 최고 포식자 _ 141

수달은 어떤 동물일까?
하천 개발로 멸종 위기에 처한 수달
도시를 계속 넓혀야 할까?
강물이 자유롭게 흐르면 일어날 일들

부록 _ 우리나라 야생동물구조센터 _ 152

1부

새

고개를 들어
하늘을 보면

♣ 둥지와 알

새는 어떤 동물일까? 새는 남극부터 북극까지 다양한 환경에서 살고 있어. 그만큼 생태가 매우 다양하지. 그래서 항상 예외적인 존재가 있어. 예를 들어, 대부분의 새는 새끼를 키우기 위해 다양한 형태의 둥지를 만들지만, 남극의 혹독한 겨울에 새끼를 키우는 황제펭귄처럼 발등에 알을 올려 품는 새도 있어. 알을 품지 않고 낙엽이 썩을 때 나는 열을 이용해 알아서 깨어나도록 놔두는 무덤새도 있지. 둥지를 짓는 장소가 매처럼 깎아지른 듯한 절벽의 틈새일 수도 있고 멧비둘기처럼 나뭇가지 사이일 수도 있어. 긴꼬리딱새처럼 이끼와 거미줄이 둥지의 재료인 경우도 있지.

그래도 다 알을 낳지 않느냐고? 맞아. 새는 모두 알을 낳아. 예외는 없냐고? 알려진 바에 따르면 여기에 예외는 없어.

새는 다른 야생 동물과 달리 대부분이 해가 떠 있는 시간에 활발하게 활동해. 곤충처럼 작지도 않지. 거기다 새를 관찰하는 일을 취미로 즐기는 사람들이 많아. 그래서 학자들은 조류의 80퍼센트가량이 확인되었다고 추정하고 있어. 아직도 알려지지 않은 종이 많은 다른 생물들에 비해 우리가 잘 알고 있다는 거겠지?

♣ 생활사(한살이)

새가 태어나고 자라서 다시 번식하게 되기까지의 과정을 살펴볼게. 생물학에서는 이런 과정을 '생활사'라고 해. 도시에서 만나기 쉬워진 참새의 생활사는 어떨까? 집 처마의 구멍이나 자동차 배터리 사이의 틈과 같은 공간에도 둥지를 틀어. 풀과 풀뿌리를 엮어서 기본 틀을 만들고, 다른 새의 깃털이나 동물의 털을 구해다가 알을 낳을 자리에 깔지. 여기에 알을 네댓 개 정도 낳고 알을 품어.

12일쯤 알을 품으면 새끼가 태어나. 처음에는 눈도 못 뜨고 털도 없다가 시간이 지나면 눈을 뜨고 깃털이 자라나지.

태어난 지 2주 정도가 지나면 아기 참새들은 날아서 둥지를 떠나. 둥지를 떠난 후에도 한동안 부모의 보살핌을 받으며 성장하지. 참새들은 우리나라에서 늘 사는 텃새야. 어린 참새는 겨울을 견뎌 내면 어엿한 어른 참새가 되지.

새마다 고유한 생태와 환경이 달라서 생활사가 조금씩 다를 수 있어. 참새처럼 알에서 깨어날 때 눈도 못 뜨는 새끼도 있지만, 닭처럼 깨어나자마자 튼튼한 다리로 힘차게 걸어 나오는 새도 있어.

♣ 날개

무엇보다도 새의 가장 눈에 띄는 특징은 날개야. 날개가 있어서 새는 하늘을 날아. 날개에는 날개깃이라는 깃털이 나 있는데, 날개깃은 가볍고 탄성이 뛰어나서 공기 흐름을 조절해. 게다가 뼈 속이 비어 있어서 몸이 가벼워.

오늘날에는 우리도 다양한 비행기를 타고 하늘을 날 수 있어. 그래도 새가 부러워. 언제든 자유롭게 하늘을 날 수 있으니까 말이야. 옛날 우리 조상들은 동네 입구에 솟대를 세웠대. 솟대는 새의 형상을 만들어 긴 장대 끝에 달아 세워 두는 건데, 민속학자들은 시베리아에 퍼져 사는 북방 민족이 새를 땅과 하늘을 이어주는 전령으로 여긴 민속 신앙에 기원을 두고 있다고 말하고 있어.

이제 그만 새를 보여 달라고? 새는 날잖아. 어디에 있든지 새를 찾으려면 하늘을 봐. 가만히 그 자리에서 기다리면 새가 지나갈 거야. 겨울 철새가 오고가는 시기에 하늘을 올려다보면 V 모양을 이루고 날아가는 기러기 떼를 볼 수 있어. 늦가을 무렵이면 흰꼬리수리 같은 대형 맹금류가 도시의 하늘을 커다란 원을 그리며 활공하기도 해. 아쉽게도 도시에서 바닥에 내려앉는 경우는 거의 없지만 말이야.

맹금류는 다른 동물을 잡아먹는 새를 일컫는 말인데, 나는 모습을 보면 다른 새에 비해 머리가 짧고 꼬리가 길어 보여. 도시에도 맹금류가 있을까?

도시에서 볼 수 있는 맹금류부터 만나보자.

황조롱이
도시 하늘의 맹금류

도시에는 어딜 가도 아파트가 많아. 그런데 이런 고층 건물의 틈에서도 새끼를 키워 내는 맹금류가 있어. 한번 찾아볼까? 하늘을 빙글빙글 돌고 있는 새를 찾아 봐! 한참을 봐도 새 한 마리 보이지 않는다고?

그렇다면 다른 방법을 찾아보자. 소리를 들어 봐. 우리 눈에 보이지 않는 곳에 있어도 새소리는 들리니까.

"삑! 삑! 삑! 삑! 삑~!"

다급하게 느껴지는 소리가 들렸어. 소리가 나는 방향으로 새를 찾아보니 날렵하게 생긴 비둘기만 한 크기의 새가 보여!

● 바위 절벽 대신 고층 건물에 둥지를

방금 들은 소리는 황조롱이가 내는 경계음이야. 황조롱이는 위험한 상황이 보이면 주위에 알리는 경계음을 내지. 상대에게 경고하려고 소리를 내기도 해. 삼촌이 본 황조롱이는 두 마리가 마치 서로를 쫓듯이 빠르게 날고 있었어. 둘 다 머리가 회색인 걸로 봐서는 모두 수컷이야. 다 커서도 머리가 갈색인 암컷과 달리, 황조롱이 수컷은 어른이 되면 머리깃털과 꼬리가 푸른빛이 도는 잿빛을 띠거든.

이제 왜 경계음을 냈는지 알 것 같아. 이곳에 먼저 자리를 잡은 황조롱이가 영역을 침범한 다른 황조롱이를 쫓아내려는 상황이야. 침입자에게 경고하고, 자신의 암컷에게 다급하게 알리려고 소리를 냈겠지?

아파트 난간에서 새끼를 키우는 황조롱이가 종종 발견되고 있어. 황조롱이는 어떻게 아파트 같은 건물에서 새끼를 키울 생각을 했을까? 우선 황조롱이는 둥지를 만들지 않는 습성이 있어. 도시가 아닌 곳에서는 높이 자란 큰 나무에 까치가 만들어 둔 빈 둥지를 쓰거나, 바위 절벽에 자연스럽게 생긴 틈에서 새끼를 키우기도 해.

황조롱이

수컷

암컷

　황조롱이는 도시의 고층 건물에서 새로운 공간을 찾아냈어. 개방된 베란다와 물건을 밖에 내놓기 위해 달아 놓은 난간을 발견한 거지. 마침 흙이 적절하게 들어 있는 빈 화분이 둥지로 적절했지 뭐야.

　황조롱이가 좋아하는 둥지의 위치는 다른 맹금류도 비슷해. 맹금류 하면 떠오르는 대표적인 새인 매도 마찬가지야. 해안 절벽의 틈에서 새끼를 키우지. 밤에 활동하는 가장 큰 맹금류인 수리부엉이는 산에서 볼 수 있는 경사가 심한 바위 절벽 틈에서 새끼를 키우고. 새끼를 해칠 수 있는 동물이 접근하기 어렵고, 높은 곳이라 전망이 좋아서 먹이를 찾으러 가기에 편한 장소야.

● 먹이는 작은 동물과 곤충

도시에는 맹금류들이 먹고 살만큼 큰 동물이 많지 않아. 매는 오리와 갈매기 같은 큰 새를 잡아먹지. 매에게 쥐는 한입거리밖에 되지 않아. 한참 자라느라 먹성 좋은 새끼를 키우려면 꿩처럼 큰 동물을 많이 잡아야 해.

황조롱이는 주식이 쥐이지만, 더 작은 먹이도 마다하지 않아서 도시에 적응하기가 더 수월했어. 여름에는 매미와 같은 곤충도 즐겨먹어. 둥지를 떠난 지 오래되지 않은 어린 황조롱이는 모든 게 서툴러. 황조롱이 부모는 둥지를 떠날 시기의 새끼에게 호락호락 먹이를 주지 않아. 어린 황조롱이가 스스로 먹이를 잡도록 유도하려는 거야. 황조롱이는 장지뱀, 곤충 같은 작은 먹잇감도 잘 잡는데, 그중 곤충은 새끼들이 사냥 기술을 익히며, 배를 채울 수 있는 좋은 먹이지.

황조롱이의 먹이

사람이 살고 있는 집 빈 화분에 둥지를 튼
황조롱이 가족

　　황조롱이 소리를 기억한다면 어디서든 황조롱이가 살고 있는지 알아차릴 수 있어. 황조롱이의 경계음은 생각보다 도시의 다양한 곳에서 들려. 삼촌은 재래시장에서도 들었어. 시장은 낮은 건물만 늘어서 있고 주변에 숲이나 풀밭도 없어서 의아했지. 하천변이나 공원 같은 녹지가 가까운 곳에 있어야 먹이를 구하고 새끼를 키울 수 있는데 말이야.

어린 황조롱이

아마도 둥지를 떠난 지 오래되지 않은 어린 황조롱이가 시장 쪽으로 날아들었나 봐. 해마다 조건에 따라 조금씩 다르지만, 5월에서 7월 사이가 제법 자란 어린 황조롱이가 둥지를 떠나는 시기거든. 어린 황조롱이는 아직 비행이나 사냥 기술이 모두 서투르기 때문에 엉뚱한 곳에서 발견되는 경우가 잦아.

● 멋진 사냥 장면을 보고 싶으면 강변으로

앗! 저기 좀 봐. 황조롱이가 풀밭 위에 떠 있어. 날갯짓을 하는데 공중에 가만히 떠 있는 것처럼 보여. 황조롱이가 종종 보여주는 정지 비행(호버링)이야. 한자리에 계속 떠 있는 비행 기술도 대단하지만, 더 놀라운 것은 계속 날갯짓을 하고 바람에 흔들리는 상황에서도 땅 위 쥐의 작은 움직임 같은 미세한 변화를 정확히 볼 수 있다는 거야.

밤에 활동하는 일부 새를 제외하면, 대부분 새의 눈은 사람이 보지 못하는 자외선과 적외선 영역도 볼 수 있어. 황조롱이의 경우에는 땅에 남은 쥐의 오줌 자국도 볼 수 있다고 해.

나는 모습을 잘 관찰해 보면 몸이 한쪽으로 흔들리면 머리가 반대 방향으로 움직이는 걸 볼 수 있어. 몸은 계속 조금씩 움직이지만, 황조롱이가 보는 시각은 흔들리지 않아.

그러다 황조롱이가 갑자기 땅으로 내리꽂듯 날아왔어. 날카로운 발톱으로 뭔가를 움켜쥔 것 같은데? 아, 날아가 버렸어. 아무도 보지 않는 안전한 장소로 가져가서 먹으려고 하나 봐. 들쥐였을까? 방금

정지 비행하는
황조롱이

잡은 먹이가 뭐였는지 정확히 보지 못한 건 아쉽지만, 황조롱이가 어떻게 사냥하는지를 봤어.

우리나라에는 매에 관련된 지명이 많아. 응암(매 바위), 응봉(매 봉우리), 매바위골 등. 이런 곳은 보통 하천을 낀 탁 트인 땅 인근에 높은 바위나 언덕이 있어. 맹금류가 높은 곳에 앉아서 매의 눈으로 노려보다가 먹잇감을 발견하면 날아올라 덮치기에 편하겠지. 황조롱이도 마찬가지야. 이런 바위나 언덕 너머로 숨듯이 돌아서 날다가 가장 짧은 거리에서 먹잇감을 덮친다고도 해.

당장 응암이나 응봉, 매바위골 같은 동네에 가서 황조롱이를 찾아보고 싶다고? 요즘은 환경이 많이 바뀌어서 이름값을 못하는 곳이 많아. 도시 한가운데라면 더욱더 그렇지. 그런데 서울에서 1년 내내 황조롱이를 볼 수 있는 곳이 있어. 중랑천이 한강에 흘러드는 왼쪽에 커다란 바위 언덕이 있는 응봉산 인근이 그런 곳이야.

이곳을 걸으면서 황조롱이가 어디에 있을지 눈과 귀를 열고 찾아보자. 황조롱이는 전망이 좋은 높은 곳에 앉아 있다가 사냥할 기회를 노리고 있거나 날고 있겠지. 도시 환경은 건축물이 많아서 높은 곳에 올라도 먹잇감을 보기가 어렵지만 황조롱이는 탁월한 시력과 비행 기술이 있어서 작은 먹잇감도 잘 잡을 수 있어. 도시에서 여전히 황조롱이를 볼 수 있어서 얼마나 다행인지!

동물과 함께 생각해

유리창이 새를 죽인다고?

건물 안에 있으면서 투명하고 넓다란 유리창으로 바깥 경치를 보는 건 큰 즐거움이야. 그런데 투명한 유리창이 도시에서 새가 죽는 중요한 요인이라는 점 알고 있었니? 우리나라에서 엄청나게 많은 새가 유리창에 충돌해서 죽거나 상처를 입어. 왜 새가 유리에 충돌할까? 사람보다 눈이 나빠서? 새는 사람과 시력이 비슷하거나 더 좋아. 황조롱이 같은 맹금류는 사람보다 시력이 10배 높다고 해. 하지만 황조롱이 역시 유리 충돌로 죽는 경우가 많아.

사람도 이따금씩 커다란 통유리에 부딪히지. 삼촌도 다른 생각을 하며 걷다가 빌딩 현관의 통유리에 부딪혀 봤어. 아는 만큼 보인다는 말이 있지? 사람은 유리의 특성을 알고 있어. 투명하지만, 먼지가 앉아있거나 빛을 반사하는 특성으로 유리라는 딱딱한 물질이 있음을 알아차려. 그럼에도 딴 생각을 하다가 부딪치기도 하지만 말이야. 새가 유리를 보지 못하는 건 눈이 나빠서가 아니라, 유리 같은 물체가 있다는 개념을 알지 못하기 때문이야. 왜 모르냐고? 유리는 자연에 없던 거잖아.

유리에 부딪혔을 때 코가 정말 아팠어. 천천히 걷는 속도로 부딪혀도 상처를 입는데, 빠른 속도로 날아가다가 부딪힌다면 어떨까? 새가 유리창에 충돌해서 머리를 심하게 다쳐서 그대로 죽기도 하고, 날개가 부러져서 날지 못하게 되어 천천히 죽어가는 경우가 많아. 운 좋게 구조되어도 치료할 수 없는 경우도 있지. 투명한 창에 충돌해서 죽거나 다친 새에 대한 믿을 만한 통계는 아직 없어. 확실한 것은, 야생 동물을 구조하는 시설에서 다친 새가 들어오는 원인을 분석해 보면 유리창 충돌이 항상 가장 많아.

투명한 구조물에 띄엄띄엄 붙이는 스티커는 새의 충돌을 막는 효과가 없어.

새의 유리 충돌을 막으려면 어떻게 해야 할까? 이미 꽤 많은 유리창에 붙어 있는 맹금류 모양을 본 뜬 스티커를 더 많이 붙이면 좋겠다고? 맹금류 모양을 보고 새가 놀라서 유리창 가까이 오지 않으리라 생각했었어. 최근에야 알았는데, 맹금류 모양 스티커는 효과가 거의 없다고 해.

새는 보통 우리보다 눈이 좋아서 맹금류 모양 스티커가 맹금류가 아닌 줄 알아. 유리가 보이지 않는 새에게 스티커는 그 크기의 장애물에 불과해. 스티커 사이로 날아가려 할 거야. 지금처럼 통유리에 한두 마리를 붙이거나, 멋들어지게 맹금류가 열을 지어 날아가는 모양으로 붙이는 것은 효과가 없어.

유리창에 맹금류 모양 스티커를 꼼꼼하게 붙이면 효과가 있을지도 몰라. 문제는 그러면 사람에게 유리창의 의미가 없어지겠지? 그래서 유리창 바깥 면에 줄을 늘어뜨려 놓거나 자외선을 볼 수 있는 새에게 보이는 무늬가 들어간 유리 등 다양한 대안을 생각하고 있어.

건물과 방음벽을 투명한 재질로 만든 곳이 너무나도 많아. 지금 우리가 할 수 있는 일은 없을까? 연구자들이 말하는 새의 유리 충돌을 막는 원칙은 간단해. 참새 크기의 새가 유리를 통과하지 못하는 물건으로 보이도록 만드는 거지. 유리에서 투명한 면적이 가로 10센티미터, 세로 5센티미터를 넘지 못하도록, 두께가 최소 3밀리미터인 선이나 면을 그리거나 붙이는 거야. 작은 참새가 통과 못할 장애물로 본다면, 더 큰 새들도 당연히 무늬가 있는 유리를 피해서 날아갈 거야.

스티커나 아크릴 물감을 이용해 집의 유리창을 예쁘게 꾸며 보는 건 어떨까? 집 벽에다 그림 그렸다가 엄마한테 혼났던 친구도 있을 텐데. 이번 기회에 새도 보호하고, 엄마한테 혼나지도 않으면서 유리창에 그림을 그려보는 거지. 어떤 모양을 그려야 좋을지 모르겠다고? 위에서 말한 원칙을 지키면 어떻게 그려도 상관없어. 친구들의 예술적 감각을 기대할게. 참고로 색은 진한 회색이나 귤색이 좋고, 흰색은 효과가 떨어진다고 해.

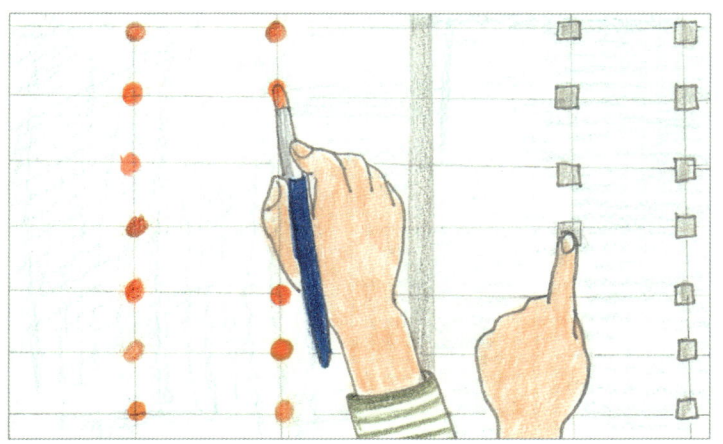

유리에 좁은 간격의 점을 찍거나 줄을 걸어두면 새가 알아챌 수 있어.

참새

유연성과 개방성이 도시 적응의 비결

경치가 근사한 야외에서의 식사는 참 기분 좋은 일이야. 여기는 삼촌이 자주 오는 도서관인데 나무 아래 벤치에 앉아서 김밥을 먹는 것도 괜찮지. 마침 오늘 날씨가 참 좋아. 무엇보다도 여기서 밥을 먹으면 작고 귀여운 동물 친구들을 만날 수 있어.

통통 튀는 걸음으로 한 무리가 다가왔어. 참새야. 고개를 자주 갸웃거려서 마치 딴청 피우는 것 같기도 하고 뭔가 곰곰이 생각하는 것 같기도 해. 하지만 참새 떼가 노리는 것은 정확해. 내 손에 든 김밥을 먹고 싶은 거지. 밥알 몇 개를 추려 던지니 한 마리가 부리에 물고 날아갔어. 따라붙는 몇몇 참새를 따돌리고 안전한 곳으로 가져가서 먹으려고 하나 봐.

밥알을 놓친 다른 참새는 여전히 고개를 갸웃거리며 가까이 왔다 멀어졌다를 반복하는구나.

● 참새는 나를 관찰하는 중

참새에게 밥알을 주어도 괜찮냐고? 참새는 풀씨나 농작물의 알곡을 즐겨먹어. 식량이 귀하던 시절, 참새 떼들이 다 익는 벼논에 날아들어 벼를 먹는 바람에 해로운 새로 지목되기도 했어. 실제로는 농작물을 해치는 곤충도 즐겨먹어. 특히 새끼를 키울 때는 더 많이 잡지. 겨울이면 나무 열매를 먹기도 하고. 그러니 밥알 정도는 괜찮겠지?

참새가 자꾸 고개를 갸웃거리는 행동을 하는 건 왜일까? 생각이 많아서 그러는 걸까? 동물의 행동을 관찰할 때는 항상 의인화를 조심해야 해. 사람과 동물이 닮은 부분도 있지만, 무척 다르기도 하거든. 갸웃거리는 행동에는 다른 까닭이 있어.

참새는 사람보다 두 눈 사이가 멀어. 그래서 사람보다 더 넓게 볼 수 있지. 지금 옆에 나란히 앉은 친구가 뭘 하는지 봐. 고개를 돌리지 않으면 제대로 보기 힘들걸? 사람의 눈은 앞을 향해 있기 때문이야.

고개를 갸웃갸웃거리는
참새

반면 참새는 고개를 돌리지 않아도 옆에 무엇이 있는지 볼 수 있지.

더 넓게 보면 좋을 텐데, 왜 사람 눈은 불편하게 모여 있을까? 장단점이 있어. 사람의 두 눈은 시야가 겹치는 부분이 많아서 한 번에 사물을 입체적으로 파악할 수 있어. 앞에 있는 건 아주 자세히 볼 수 있지. 다만 옆을 보려면 고개를 돌려야 하고, 뒤쪽은 아예 보이지 않아. 뒤쪽을 보려면 몸을 돌려야 해.

반면 참새는 몸을 움직이지 않고도 넓은 영역을 볼 수 있어서 주변에서 슬그머니 다가오는 천적을 발견하기 쉽지. 다만, 그만큼 앞이 정확히 보이지 않기 때문에 무언가를 볼 때, 고개를 갸웃거리며 이쪽 눈 저쪽 눈을 쓰는 거야. 참새가 고개를 갸웃거리며 나에게 다가왔다는 것은 나를 보고 있다는 거야. 참새는 갸웃거리며 사람을 자세히 관찰하고 있었어.

🔵 참새들의 짧아진 안전거리

앗! 참새 한 마리가 삼촌 무릎으로 올라왔어! 손에 밥알 하나를 올리고 주려고 했더니, 다시 날아가 버렸어. 내 손이 다가오는 것을 본 거지. 나는 밥을 주려고 했지만, 참새는 위협이 될 수도 있다고 판단한 거야. 순간 여행 중에 만났던 참새가 떠올랐어.

스페인의 한 도시를 여행했던 때의 일이야. 우리나라에서 볼 수 없던 고딕 건물들을 살펴보느라 여기저기를 돌아다니다 지쳐서 도시 한가운데 길거리 카페에서 쉬던 중 재미난 광경을 보게 됐어. 이야기를 나누던 사람들이 자리를 뜨자마자 참새가 내려와서 사람이 남긴 빵 조각을 먹는 거야. 바로 옆자리에서 내가 보고 있는데도 거리낌이 없었어.

사진으로 남기고 싶어서 가까이 가려고 자리에서 일어났더니 지붕 위로 포르르 날아가더라고. 앞에 있는 먹이를 먹으면서도 참새는 옆쪽에서 움직이는 나도 보고 있었던 거지. 사진 찍기를 포기하고 자리에 다시 앉았더니 참새는 다시 빵 조각이 놓인 그릇으로 날아와 앉아서 식사를 계속했어.

스페인에서 본 참새는 '집참새'야. 우리나라에 사는 참새와는 다른 종이야. '종'은 생물을 분류하는 최소 단위지. 가까운 친척 관계이지만, 종마다 생김새와 행동이 달라.

집참새는 참새보다 수컷의 멱 부분에 있는 검은 무늬가 훨씬 짙고, 머리에 회색 무늬가 있어. 그리고 암컷과 수컷이 마치 다른 새인

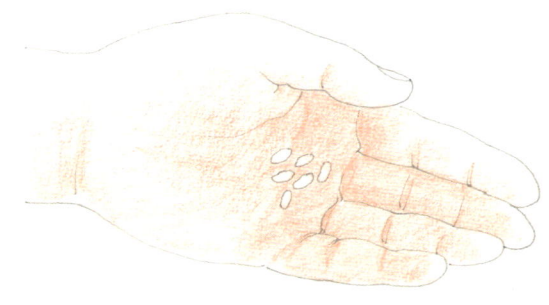

것마냥 깃털 색이 달라. 반면, 참새는 암컷이
든 수컷이든 겉모습이 비슷해. 아주 흔한 참새와
달리 우리나라에서 집참새를 보기는 어려워. 어쩌다 길을 잃고 외딴 섬에 날아드는 정도야.

　유라시아 대륙의 동쪽 끝과 서쪽 끝에 사는 두 친척 참새는 종은 다르지만, 행동이 비슷해. 둘 다 사람이 손 뻗으면 닿을 거리까지 다 가오면서도, 나름의 안전한 거리를 알고 있었어. 사람이 자리에서 일어나고 손을 뻗는 동작까지 이해를 하고 있잖아.

　대부분의 야생 동물은 사람과의 '안전거리'가 있어. 경계심이 강한 새는 멀찍한 거리를 유지하려고 해. 안전거리에 대한 감각은 꽤 예민해. 안전거리가 약 50미터 정도라면 사람이 멀리 있어도 날아가 버리지. 참새의 안전거리도 50미터였다면, 사람들 틈에서 먹지 못했을 거야. 게다가 도시에 사는 참새는 다른 곳에 사는 참새보다 안전거리가 훨씬 짧아. 도시에서 참새와 사람은 아주 가까이에서 서로를 볼 수 있어.

● '새대가리'라는 누명

참새 무리가 짹짹거리며 모여 있어. 어떤 일이 일어나는지 좀 따라가 볼까? 자연스러운 행동을 보려면 안전거리를 충분히 유지하며 관찰해야겠지? 날개를 조금 늘어뜨리고 떠는 동작을 하며 다른 참새를 쫓아다니는 참새 좀 봐. 머리 색이 더 밝은 것 같다고? 맞아. 색이 더 엷어서 머리 색이 적갈색으로 보이는 새는 올해 태어난 어린 새야.

우리가 봤던 행동은 부모에게 먹이를 달라고 조르는 행동이야. 새끼를 돌보는 부모 새들은 새끼가 둥지를 떠날 때가 가까워오면 일부러 먹이를 잘 주지 않는 경우가 많아. 먹이를 보여주며 새끼가 둥지를 나오도록 유도하는 거지.

참새 둥지는 어디 있을까? 참새는 주로 작은 구멍에 둥지를 틀기 때문에 둥지를 보기가 힘들어. 공원에 가끔 보이는 나무로 만든 인공 새집에 살기도 하지만, 사람이 사는 집의 처마 구석, 송풍기 구멍 등에도 둥지를 틀어. 가끔은 왜 이런 곳에 둥지를 틀었는지 이해하기 어려운 곳에서 발견되는 경우도 있어. 테라스의 차광막과 건물 사이의 틈이나 오래 세워 둔 자동차 내부에서 발견되기도 해! 사람은 흔히 이런 경우에 성가셔 하며 둥지를 뜯어내지.

참새는 왜 이런 희한한 장소에 둥지를 트는 걸까? 도시 환경은 참새가 살기에 매우 힘든 환경이라는 점을 생각해 봐야 할 것 같아. 기와를 올리는 전통 방식 건물의 지붕에는 참새가 둥지를 틀기 좋은 작은 구멍이 많았어. 하지만 요즘 건물은 이런 틈이 많지 않아. 이렇게

흙 목욕을 하고 있는
참새들

새끼 키우기 어려운 도시 환경에 적응해서 예전에 없었던 새로운 구멍을 찾아내는 거지.

또 다른 측면에서는 참새의 유연한 적응력을 알 수 있는 단서이기도 해. 인류가 다양한 주거 형태를 가지고 있다고는 하지만, 갑자기 집의 모양을 바꾸는 건 매우 어려운 일이야. 아파트에 사는 우리 친구들이 어느 날 갑자기 아프리카처럼 흙집에서 살아야 한다면 어떨까? 거기다 새들의 둥지는 깨지기 쉬운 알을 낳고, 아주 연약한 새끼들이 자라기 전까지 안전하게 머무르는 공간이야. 선택이 더 까다로울 수 있다는 거지. 그렇지만 참새는 처음 보는 희한한 둥지 자리에도 비교적 쉽게 적응해. 관찰도 잘하고, 매우 개방적이고 유연해. 그렇지 않았다면 지금처럼 도시에서 참새를 흔히 보진 못했을 거야.

도서관에서 나왔는데 작은 화단에서 다시 참새 무리를 만났어. 작은 나무 아래 나뭇가지를 오가며 무언가 하고 있어. 자기들 몸 크기만큼 파인 작은 흙구덩이에 들어가 흙 목욕을 하고 있었구나. 날개와 몸을 푸드덕거리며 온 몸에 흙이나 모래를 끼얹어서 깃털에 묻은 오염물질이나 기생충을 떨어내는 행동이야. 참새는 흙이나 모래로 하는 목욕을 자주해. 집 근처에 모래나 흙바닥이 드러난 곳이 있다면, 참새 크기의 구덩이가 있는지 살펴 봐. 그런 곳이 있다면 참새의 목욕터일 확률이 높단다.

까치

눈썰미 좋은 도시의 싸움꾼

동네 도서관에 오르는 길은 항상 숨이 벅차. 도서관이 언덕 꼭대기에 있어서야. 아직 봄인데도 꽤 더워서 땀이 나려고 해! 도서관 같은 공공시설은 누구나 편하게 갈 수 있는 평지에 있어야 해. 몸이 불편한 장애인이든 허약한 노인이든 시민이면 누구나 이용하는 시설이잖아. 다행히 최근에 생기는 도서관은 평지에 들어선 경우가 많지만, 오래된 도서관은 삼촌이 사는 동네처럼 언덕에 자리 잡은 경우가 많아.

그래도 언덕에 자리 잡은 도서관의 장점을 찾아볼까? 이런 도서관은 산이 가깝고 풀과 나무가 많아.

"까까까까까~!"

이 소리 왠지 익숙하지 않니? 아마 친구들이 잘 아는 새의 소리일 거야. 바로 까치가 내는 소리야. 어디서 나는 소리일까? 새를 보려면 하늘을 봐야지!

● 현명한 사나움

황조롱이 하나가 까치 두 마리에게 쫓기고 있어. 맹금류인 황조롱이가 도망치다니, 무슨 일일까? 까치는 이른 봄부터 둥지를 만들기 위해 나뭇가지를 모아. 지금 봄이니까 새끼를 키우고 있을 확률이 높지. 새끼를 키울 때는 부부만의 영역을 만들어. 새끼에게 위협적인 존재라면 설령 동족인 까치라도 맹렬하게 싸워서 밖으로 쫓아내지. 그러니 방금 황조롱이를 몰아낸 까치 두 마리는 부부일 거야.

먹을 것이 적은 겨울이 오면 까치는 무리를 이루어 다니는 경우가 많아. 겨울 철새를 보러 다니다가 재미있는 장면을 봤어. 높지 않은 곳에서 날고 있는 흰꼬리수리를 발견했는데 글쎄, 까치 대여섯 마리가 무리를 지어 쫓고 있지 뭐야.

흰꼬리수리는 겨울에 드물게 우리나라를 찾아오는 겨울 철새야. 다 자란 흰꼬리수리는 이름처럼 하얀 꼬리를 가지고 있어서 하늘 높이 떠 있어도 쉽게 알아볼 수 있어. 양 날개를 펼치면 사람이 양팔을 벌린 것보다 훨씬 커. 커다란 부리와 갈고리 같은 발톱을 가진 멋진 대형 맹금류야.

그런데 까치는 어떻게 흰꼬리수리를 공격할 수 있는 걸까? 정말 손 뻗으면 닿을 거리까지 가까이 날면서 쫓고 있어. 저러다가 흰꼬리수리가 날카로운 발톱으로 까치를 움켜쥐기라도 하면 어쩌지?

흰꼬리수리가 약해서 까치에게 쫓기는 걸까? 까치가 용감한 걸까?

한 연구에 따르면 겨울철에 황조롱이를 만나면 까치는 그렇게 격렬한 반응을 보이지는 않는다고 해. 까치가 만날 수 있는 다양한 육식 동물의 박제를 이용해 까치의 반

까치

암컷

수컷

응을 알아 보았는데, 황조롱이를 보았을 때 가장 약한 반응을 보였어. 황조롱이는 어린 까치를 해칠 수 있는 존재지만, 겨울철 다 큰 까치 무리에게 그다지 위험하지 않다는 사실을 잘 아는 것 같아. 반면 매처럼 종종 큰 새도 잡아먹는 덩치 큰 맹금류에게는 겨울에도 맹렬한 반응을 보여.

까치가 흰꼬리수리를 소란스럽게 공격하는 것은 먼저 방어를 하는 걸까? 무리를 지어 덤비면 누구도 까치를 얕보진 못할 테니 말이야. 그런데 가끔은 까치 한두 마리가 흰꼬리수리를 쫓는 광경도 볼 수 있어. 보고 있으면, 재미는 있지만 위태로워 보이기도 해.

흰꼬리수리는 다른 대형 수리류처럼 주로 활공하는 새야. 활공이란 날개를 거의 퍼덕이지 않고 글라이더처럼 공기의 흐름을 타며 나는 거야. 까치처럼 민첩하게 날지는 못해. 까치는 상대의 능력을 정확히 파악하고 덤비는 거야.

주도면밀하고 현명한 싸움꾼이랄까. 까치는 다른 동물에 대해 깊이 있게 이해하고 있어.

● 우리는 까치를 구별 못 해도 까치는 우리를 구별해

도시에 사는 까치에게 가장 큰 영향을 끼치는 동물은 역시 사람일 거야. 사람이 종종 까치의 둥지를 뜯어내거나 해코지를 하는 일이 있으니 말이지. 그렇다면 사람도 까치가 잘 파악하고 있는 동물이 아닐까?

　예전에는 까치가 울면 반가운 손님이 온다고 했어. 아마도 반가운 손님이 자주 오는 사람은 아닐 테니, 그 마을에 사는 까치에게는 낯선 사람이겠지? 마치 개가 낯선 사람에게 짓듯이 낯선 손님을 보고 까치가 경계음을 내는 걸, 반가운 손님이 오는 징조로 생각했던 게 아닐까? 잠깐! 그렇다면 까치가 마을에 사는 사람과 방문하는 사람을 구별할 수 있다고?

　연구자들에 따르면, 까치는 사람을 개개인별로 구별한다고 해. 까치의 번식 생태를 연구하려고 까치 둥지에 접근하다 보면 어떤 사람에게 유별나게 더 공격적인 반응을 보이는 경우가 있었어. 심한 경우, 그 사람이 조사를 마치고 100미터 이상을 도망갔는데도 끝까지 쫓아오기도 했대. 그래서 왜 그런지 알아봤더니, 작년 둥지 조사에 참여했던 연구원에게 더 강한 경계반응을 보였다는 거야. 다른 사람이 그 연구원과 같은 옷을 입고 모자를 써 봐도 정확하게 그 사람에게 더 강한 반응을 보였대. 까치가 작년에 보았던 사람을 기억하고 구별한 거야.

　사람을 개개인으로 구별하는 게 뭐 그리 대단한 일이냐고? 사람끼리 개개인을 구별하는 건 쉬워. 사람이라는 같은 종의 동물이기 때문이지. 하지만 우리가 다른 생물을 개체 수준으로 구별할 수 있을까? 당장 저기 까치를 봐. 저번에 봤던 까치와 같은 까치인지 아닌지 구별할 수 있겠니?

　개체 구별은커녕, 암컷인지 수컷인지조차 구별하기 어려울 거야.

높다란 나무 위에 지은
까치 둥지

집에서 키우는 반려견도 비슷한 무리들과 섞어 놓으면 찾기 힘들걸? 이름을 부르면 꼬리를 흔들 테니 알 수 있을 거라고? 맞아. 행동이 하나의 단서가 될 수는 있지.

● 까치의 행동

겉모습으로 암컷과 수컷을 구별하기는 어렵지만, 번식기에 까치 암수의 행동은 달라.

까치 집은 겉으로 보기엔 엉성하지만, 아주 정교해. 까치는 나뭇가지로 외벽을 만들고, 진흙과 나뭇가지와 풀뿌리 들을 섞어 벽을 만들지. 사람이 철근과 시멘트를 섞어 튼튼한 집을 만드는 것과 같은 원리야. 나뭇가지를 엮어 지붕도 만들고 입구는 옆으로 내기 때문에 하늘을 나는 포식자로부터 안전해.

둥지를 짓고 알을 낳기 전까지 까치 암컷은 수컷을 따라다니며 먹이를 받아먹는 경우가 많아. 알을 품을 때도 암컷은 알을 품고 수컷이 먹이만 건네주러 둥지에 잠깐 들러. 다른 까치들과 영역 싸움이 일어날 때도 암컷은 둥지에서 나와 싸움을 거들다가 상황이 종료되면 바쁘게 둥지로 돌아가.

사실 번식기의 도시 까치는 천적을 쫓아내는 싸움보다 다른 까치 부부와의 싸움이 더 흔한 편이야. 이런 행동을 잘 관찰하면 암수를 구별할 수 있어.

형태로는 전혀 구별할 수 없을까? 약간의 차이는 있지만, 우리 눈

까치 깃털

으론 차이가 잘 보이지 않아. 까치의 깃털은 검은색, 흰색이 다가 아닌 걸 알 수 있을 거야. 햇빛 아래서 까치의 날개와 꼬리깃은 보는 각도에 따라 푸른색이나 자주색으로 보여. 이런 색을 '구조색'이라고 해.

구조색이란 색을 가진 색소가 있는 게 아니라, 표면의 미세구조가 빛을 산란시켜서 우리 눈에 색으로 보이는 거야. 빛의 각도에 따라 다양한 금속성의 색을 띠는 게 특징이야. 까치는 암수 모두 구조색이 있지만, 수컷이 좀 더 많다고 해. 하지만 이 정도로 야외에서 암수를 가리긴 어려워. 움직이는 암수 모두 같은 빛을 받으며 가만히 앉아있는 경우가 드물 테니 말이야.

그래도 까치들끼리는 잘 구별할 거야. 보통 새는 암수의 깃털 차이가 두드러지는 편이야. 우리가 이미 봤던 황조롱이 수컷과 암컷의 차이처럼 말이야. 수컷의 구조색이 암컷이 짝을 고를 때 선호하는 특징일 수도 있다고 하니, 우리 눈에는 작은 차이여도 까치가 보기엔 큰 차이일지도 몰라. 이쯤에서 생각해 보니 사람을 구별하는 까치의 눈썰미가 더 대단해 보여.

> **동물과 함께 생각해**
>
> ## 사람의 기준으로 동물을 판단하는 게 옳을까?
>
>
>
> 여태까지 알아본 까치의 행동만 봐도 까치는 매우 똑똑해 보이지? 거기서 끝이 아니야. 까치는 자의식이 있다고 해. '거울 테스트'를 통과했거든. 무슨 뜻일까? 동물이 볼 수 없는 곳에, 사람으로 치면 이마 같은 위치에 무엇인가를 붙이고 거울을 보여줬더니, 그 물건을 의식하고 떼어 내려고 한 거야. 거울에 비친 형상이 자신임을 아는 거지.

만약에 거울에 비친 자기 모습을 다른 까치로만 생각했다면 이마에 붙은 물체에 신경을 쓰기보다는 경계했을 거야. 이런 테스트를 통과해 자의식이 있다고 '인정'받은 동물은 침팬지, 고릴라, 돌고래, 코끼리 등이지. 까치는 이 똑똑한 동물들과 어깨를 나란히 하게 된 거야.

그런데 거울 테스트를 통과하지 못했다고 자의식이 없다고 할 수 있을까? 예를 들어, 참새가 거울을 보고 거울에 비친 자신의 모습을 다른 참새로 생각해 싸운다면 참새에겐 자의식이 없는 걸까? 자기가 자기라는 인식이 없다면 다른 참새가 남이라는 건 어떻게 알 수 있는 거지?

동물의 능력을 알아내는 게 유행인지, 동물의 문제 해결 능력을 파악하는 연구도 많아. 이에 따르면 새들도 지능이 꽤 높다고 알려져 있어. 까마귀나 앵무새는 사람이 4세 정도일 때의 지능과 비슷하다고 해. 구체적인 지능 지수를 제시하는 경우도 있어.

사람과 동물이 적응해 온 환경이 서로 다르고, 살아남기 위해 키우고 학습해 온 능력 또한 분명히 달라. 사람의 인지 능력을 기준으로 다른 동물들을 평가하는 게 타당할까?

침팬지가 도구를 쓴다는 이야기는 다들 들어 봤지? 인간을 도구를 쓰는 존재로 정의한 적이 있었는데, 아프리카 탄자니아 곰베 지역에서 침팬지를 연구하던 제인 구달이 나뭇가지를 다듬어서 흰개미를 잡는 데 쓰는 침팬지의 행동을 처음으로 관찰한 거야.

제인 구달을 침팬지 연구로 이끌었던 루이스 리키 박사는, 새로운 발견을 전해 들으며 이렇게 말했다고 해.

"인간에 대한 정의를 바꾸던지, 침팬지를 인간으로 인정해야겠군!"

인간은 항상 인간을 기준으로 생각하는 경향이 있어. 인간이 일구어낸 문명을 자랑스러워하며 동물과 인간을 구분 짓는 특징을 정의해 왔어. 하지만 그 정의는 계속 바뀔 수밖에 없어.

지금도 다양한 생물에 대한 정보가 쌓여가면서 인간만의 능력이라고 생각했던 능력이 일부 동물들에게도 있음을 알아가고 있어. 그래서 동물의 권리를 주장하는 사람들은 '인간과 동물' 대신에 '인간 동물과 비인간 동물'이라는 말을 쓰기도 해.

요즘에는 영장류 친척인 침팬지나 고릴라 등에게 인권에 준하는 법적 권리를 주어야 한다는 주장도 일부 있어. 그렇지만 생각해 봐. 사람과 비슷한 지능이나 능력이 있고 없음을 기준으로 동물들을 줄 세우기 하는 게 옳을까? 인간과 유사한 능력을 가진 동물은 권리가 있고, 우리가 모르는 다른 능력을 가진 동물은 권리가 없을까? 영장류가 아닌 동물을 차별하게 되는 건 아닐까? 거꾸로 생각해 보자. 네 살 아이 정도의 문제 해결 능력을 가지고 있는 동물이 있다면, 그에 미치지 못하는 지능을 가진 사람보다 더 우대해야 할까?

④ 직박구리
시끌벅적한 도시의 열매 탐식가

날마다 아름다운 새소리를 들으며 아침잠에서 깨어날 수 있다면 얼마나 좋을까! 자연을 좋아하고 캠핑 같은 야외 활동을 즐기는 사람이라면 이런 생각을 해 봤을 거야. 아침에 들리는 새소리는 새삼 새들이 우리와 같은 시간대에 깨어 있는 동물이라는 점을 생각하게 해.

    도시에서도 새소리를 들을 수 있어. 아침에 귀를 한번 기울여 봐.

"삐이이이이~, 삑~ 삐이익~, 빼애애액~."

관심을 두지 않으면 잘 들리지 않는 다른 새소리와 달리, 아침잠에 덜 깬 우리 귀에도 잘 들리는 소리야. 기대한 새소리랑 다르게 시끄럽다고? 종종 무리를 지어 소리를 내는 통에 더 시끄럽기도 해. 소리의 주인공은 직박구리야. 소리에서 느껴지는 것처럼 성격이 제법 사납기도 해. 자신들의 영역에 침범한 까치와 격렬하게 다투며 쫓아내는 광경도 종종 관찰할 수 있어.

● 직박구리가 열매의 맛을 아는 방법

보리수나무에 빨갛게 익은 열매가 주렁주렁 열렸어. 하나 따서 먹어 볼까? 우리보다 먼저 온 손님이 있었어. 직박구리는 열매를 좋아하지. 특히 보리수나무 열매처럼 과즙이 있는 열매를 좋아해. 다른 먹이는 먹지 않느냐고?

보리수나무 열매는 초여름이면 빨갛게 익어. 이 시기의 직박구리는 주로 곤충처럼 영양분이 풍부한 먹이를 먹어. 아마도 번식기라서 새끼가 자라는 데 도움이 되는 단백질이 풍부한 먹을거리를 찾다 보니 그런 것 같아. 하지만 이 시기에도 빨갛게 익은 열매의 유혹을 그냥 지나치진 못해. 식물은 왜 열매를 눈에 띄는 색으로 익게

직박구리의 얼굴

직박구리가 좋아하는 나무 열매
보리수 / 쥐똥나무 / 주목 / 산수유 / 팥배나무 / 감나무 / 노린재나무 / 말채나무 / 산딸나무

하는 걸까? 마치 직박구리나 사람에게 어서 와서 먹어보라는 듯이 말이야. 거꾸로 생각해 보자. 직박구리는 검거나 빨갛게 잘 익은 열매에 더 끌릴까? 푸른 열매에 끌릴까?

녹색을 띠는 덜 익은 열매를 먹는 직박구리를 본 적이 없어. 그래도 혹시 내가 보지 못하는 사이에 그런 열매를 먹었을 수도 있으니 단정 짓기는 어려워. 그래서 지난겨울에 직박구리가 어떤 색의 과일을 좋아하는지 실험을 해 보았어. 왜 겨울이냐고? 겨울은 곤충이 겨울잠을 자는 계절이야. 알, 번데기, 성충 등 다양한 형태로 잘 보이지 않는 곳에서 겨울을 나지. 언뜻 생각하면 양지바른 따뜻한 곳에 있을 것 같지만, 그런 곳은 밤낮의 기온 차가 크고 건조해서 곤충에게 좋지 않아. 그러니 새들이 곤충을 찾기 어려워.

반면에 식물은 잎을 떨어뜨려서 열매가 더 도드라져 보이는 계절이 겨울이야. 직박구리가 열매를 더 많이 먹는 계절이지. 직박구리는 열매 색을 구분했을까? 어떤 결과가 나왔을까?

● 새를 더 잘 알기 위한 실험

겨울에 새를 좋아하는 사람들이 만들어 둔 공원 속 새 모이터를 찾았어. 다른 계절이라면 대부분의 새가 사람을 피하지만, 먹이가 부족한 겨울에 모이를 놓으면 꽤 가까운 거리까지 다가와. 새를 가까이에서 관찰할 수 있는 기회야.

사과 껍질을 깎아 내고 빨간색, 노란색, 파란색, 녹색 식용색소를 발랐어. 다른 색 사과는 색이 잘 표현이 됐는데, 파란색은 검푸른색 사과가 되었어. 비교를 위해서 보통의 붉은색 사과 하나까지 다섯 가지 사과를 긴 널빤지 위에 고정해서 놓고 새들을 기다렸지.

직박구리가 가장 많이 먹은 색깔 순서

뜻밖의 진수성찬을 보며 눈치를 보던 직박구리들이 한 시간쯤 지나서 사과를 쪼기 시작했어. 처음 쪼아 먹은 건 검푸른 사과였어! 쥐똥나무나 말채나무처럼 잘 익은 검은 열매로 본 거야. 왜 빨간 사과가 아닐까 생각했는데, 시간이 지나니 빨간 사과도 쪼기 시작했지. 직박구리 두세 마리가 사이좋게 사과를 먹기도 했지만, 종종 서로 먹겠다고 다투는 모습이 눈에 띄었지.

혹시 위치 때문일까 싶어서 사과의 위치를 바꿔보기도 했어. 그래도 결과는 바뀌지 않았어. 검푸른 사과, 빨간 사과, 보통 사과, 노란 사과 순으로 많이 먹었고, 녹색 사과는 어떤 직박구리도 입도 대지 않았어.

직박구리는 왜 검은색과 빨간색 사과를 더 좋아할까? 사실 우리는 답을 알고 있어. 우리도 녹색 자두보다 빨간 자두를 고르지. 잘 익은 과일이 더 맛있다는 걸 알아. 청포도처럼 일부 예외도 있지만, 우리가 먹는 과일들은 대부분 익었을 때 검붉은색을 띠는 경우가 많아.

● 열매야 널리널리 퍼져라

식물은 왜 열매의 색으로 새를 끌리게 할까? 왜 열매를 새에게 먹으라고 부추기는 걸까? 새라는 배달부에게 씨앗을 전달하기 위해서야. 잘 익은 열매를 직박구리가 먹으면 말랑말랑한 과육은 소화되지만, 단단한 씨는 직박구리의 내장을 통해 똥으로 나와. 부모 나무로부터 멀리 떨어진 씨앗은 땅에 정착해 자랄 수 있어. 새똥이라는 따끈한 거름은 덤이지.

똥뿐만 아니야. 새는 종종 소화가 안 되는 것들을 게워내기도 해. 이런 덩어리를 펠릿(pellet)이라 불러. 맹금류의 펠릿에는 뼈나 가시가 섞여 있지만, 직박구리의 펠릿을 보면 씨앗이 덩어리져 있어. 푸른색 열매는 씨앗이 덜 여물었을 뿐만 아니라 맛도 없어. 먹으면 해로운 독을 품는 경우도 있지. 직박구리도 이 점을 잘 알고 있어서 녹색 사과를 먹지 않은 거겠지?

식물은 이동하지 못하기 때문에 동물을 통해 씨앗을 널리 퍼뜨려. 연구에 따르면 열매 맺는 나무의 80퍼센트 정도가 새에 의해 씨앗을 퍼뜨린다고 해. 열매를 좋아하는 직박구리는 열매를 맺는 나무들에게 중요한 동물이겠지?

특히 도시처럼 다양한 새가 살기 어려운 환경이라면 더욱더 그럴 거야. 무리 지어 다니며 열매를 먹는 습성 덕분에 식물의 씨앗을 널리 퍼뜨려 줄 가능성이 높은 동물이지.

직박구리는 우리나라 어디에서나 흔히 볼 수 있는 텃새야. 그런데 예전부터 그랬던 건 아니야. 30년 전만 해도 서울에서는 보기 드문 새였어. 직박구리가 이렇게 흔한 새가 된 것은 기후 온난화의 영향으로 보고 있어. 직박구리는 따뜻한 기후를 좋아해. 도시의 나무들에게 직박구리가 큰 힘이 되어 줄 수 있어. 제주도만 해도 직박구리는 82종의 열매를 먹는다고 알려져 있어. 직박구리는 최대 60킬로미터까지 날아간다고 하니, 열매를 맺는 식물 입장에서 보면, 최적의 기후로 씨앗을 옮겨 주는 거야.

초봄에 벚꽃이 만발하면 꽃밭을 돌아다니는 직박구리를 흔히 볼 수 있어. 꽃이 너무 예뻐서 감상하려고 돌아다니는 걸까? 그럴 수도 있지. 그런데 자세히 들여다보면, 부리를 꽃에 들이민 모습을 볼 수 있어. 꽃꿀을 맛보려고 그런 것 같아. 꽃꿀을 먹으며 꽃가

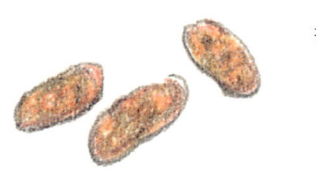

직박구리가 뱉은 펠릿

루를 날라서 열매를 맺게 하는 데에 도움이 되었을 거야.

예전에 둥지에서 떨어져서 다친 새끼 직박구리를 돌본 적이 있어. 어린 직박구리는 한 시간에 몇 번씩 먹이를 주어야 해. 작은 새들에게 주는 조류용 이유식을 스포이트로 자주 먹였지. 보통 어린 새는 먹이를 주면 부리를 벌리고 먹이를 달라고 보채. 그런데 직박구리 새끼는 한 번 그러더니 그 이후부터 하얀 바늘 같은 가느다란 혀끝을 날름거리며 스포이트 끝을 맛보지 뭐야. 꽃꿀도 이런 방법으로 맛보지 않았을까 싶어.

여전히 직박구리 소리가 시끄럽게 들려와. 그런데 어쩌면 직박구리 떼의 '빼애애액~' 소리는 나무에게 더없이 경쾌한 노랫소리일지도 몰라.

동물과 함께 생각해

야생 동물에게 먹이를 주어도 괜찮을까?

공원에서 비둘기에게 먹이를 주지 말라는 현수막을 본 적이 있어. 비둘기가 스스로 먹이를 찾아서 자연 생태계의 일원이 될 수 있도록 먹이를 주지 말라는 거지. 그런데 어떤 곳에서는 '새 모이대'를 만들어 두고 새가 먹을 먹이를 놓아 두지. 어떤 게 옳을까?

'새 모이대'를 놓는 순간, 사람은 새의 생태계에 개입하게 돼. 참새나 곤줄박이처럼 인간이 주는 먹이에 쉽게 적응하는 새는 건강해지고 번식에 성공할 확률이 더 높아지겠지? 경계심이 많아서 사람이 주는 먹이에 적응하지 못하는 새에게는 나쁜 소식이야. 더 늘어난 새들과의 경쟁에서 뒤처질 수도 있어.

실제로 영국에서는 '새 모이대' 때문에 박새의 부리가 더 길어졌다는 연구 결과가 있어. 영국은 정원과 탐조 문화가 발달해서 자기 집 정원에 '새 모이대'를 놓는 게 인기 있는 취미 활동이야. 그물 형태로 된 모이대에 적응하다 보니 영국의 박새는 유럽 본토의 박새보다 부리가 0.54퍼센트 더 길어졌다고 해. 사람의 취미 활동이 박새의 진화에 영향을 끼쳤어. 부리가 길어지지 않은 박새는 먹이 경쟁에서 뒤쳐지게 되겠지.

먹이를 주는 것이 나쁘기만 한 걸까? 먹이가 적은 추운 겨울은 새에게 힘든 계절이야. 그해 태어난 새들이 겨울을 넘기지 못하는 경우가 꽤 많아. 사람의 도움을 받아 겨울을 무사히 넘긴다면, 새들은 수많은 곤충을 잡아먹어서 식물을 도울 거야. 지구에서 새가 1년 동안 잡아먹는 곤충의 양은 약 5억 톤이라고 해.

너무 큰 숫자라 실감이 잘 나지 않지? 70억 넘는 인류가 한 해에 먹어치우는 고기와 생선보다 많은 양이야. 새가 겨울을 잘 나도록 도우면 그만큼 우리 주변의 녹지에서 해충을 잡아먹어서 보답할 거야.

사람의 이익을 위해 동물들의 서식지를 파괴하면서 수많은 생명이 멸종 위기에 처했어. 저어새가 그런 생명 중 하나야. 자연을 사랑하는 시민들의 노력으로 수가 많이 늘어나기는 했지만, 저어새는 전 지구를 통틀어 3천여 마리만 남아 있어.

저어새는 우리나라 서해안 갯벌에서 먹이를 먹고 섬에서 새끼를 키워. 이름처럼 긴 주걱 같은 부리로 얕은 물을 휘저으며 작은 물고기나 갑각류를 잡지. 그런데 간척과 같은 여러 개발 사업으로 서식지가 사라지고 있어. 그러다 보니 인천의 남동 유수지처럼 새에게는 환경이 그다지 좋지 않은 곳에서도 살아. 공단을 빠져

저어새는
얕은 물가를 걸어다니며
먹이를 잡아.

나오는 빗물을 모아 두는 큰 연못, 그 가운데에 있는 인공 섬에 해마다 둥지를 틀고 있어. 가장 큰 문제는 먹이를 구할 갯벌이 매립으로 계속 줄어들어서 먹이를 구하러 멀리 가야 한다는 거야. 연못은 점점 오염되어 물고기가 살기 어려운 환경이고 말이지. 녹조에서 오는 독성에 중독되는 경우도 있고, 전염병의 우려도 있어.

이렇게 위기에 처한 동물들에게 먹이를 주어야 한다는 의견과 자연성 유지를 위해 먹이를 주어서는 안 된다는 의견이 대립하고 있어. 저어새 3천여 마리가 많은 수인 것 같지만, 그 정도 수의 새가 한꺼번에 사라지는 경우는 드물지 않아. 멸종 위기종인 노랑부리저어새 1만 마리 정도에 견주어 보아도 매우 적은 숫자야.

야생 동물에게 먹이를 주어도 될까? 절대 주면 안 되는 걸까? 어느 한쪽에 치우친 결론을 성급하게 내리기보다는, 새들이 처한 각각의 위험과 형편을 곰곰이 생각해 봤으면 좋겠어.

저어새는 우리나라에도 살고 있어. 그런데 서식지가 줄어들고 먹이가 오염되고 있어서 위기에 처해 있어.

⑤ 멧비둘기

도시에 하산한 재래종 산비둘기

산에 갈 때마다 들리는 소리가 있었어. 다른 동물의 소리는 거의 들리지 않는 한낮의 소나무 숲에서도 유독 큰 소리로 우는 소리만은 들렸지. 삼촌이 어릴 때도 들었던 소리야. 저렇게 큰 소리를 내는 동물은 어떤 동물일까 궁금했지. 조금은 슬프게도 들리는데 동물에게 안 좋은 일이라도 있나?

시간이 흘러 이 소리는 도시에서도 흔히 들을 수 있는 소리가 되었어.

"꾹구~후후~, 꾸욱구~후후~."

소리의 주인공은 멧비둘기야. 나무 위에 앉아 목을 울룩불룩 움직이고 있어. 멧비둘기는 새끼를 키우거나 쉬기 위해서 산에서 시간을 보내는 습성 때문에 멧비둘기란 이름이 붙었어. 산을 뜻하는 우리 고유어가 '뫼(메)'야. 멧돼지의 '메-'와 같지. 그래서 멧비둘기를 '산비둘기'라고 부르기도 해.

● 도시의 사랑꾼 멧비둘기

산에 사는 비둘기라는 이름이 무색하게도 이제는 도시에서 흔하게 볼 수 있어. 둥지를 찾아볼래? 예전에는 산의 바늘잎나무에 즐겨 둥지를 틀었는데, 요즘은 도시공원의 활엽수에서도 쉽게 찾아볼 수 있어. 커다란 벚나무를 올려다보면 가지 사이로 가느다란 나뭇가지 여러 개가 삐져나온 둥지가 있어. 둥지 밖으로 멧비둘기 꼬리깃이 보인다면 엄마 비둘기가 알을 품고 있는 거야. 엄마 멧비둘기가 불안해 할 수 있으니 너무 오래 보지는 말자.

도시와 사람에게 꽤 많이 적응하긴 했지만, 멧비둘기는 우리가 흔히 보는 집비둘기보다 안전거리가 더 먼 편이야. 하지만 누군가를 사랑하면 주위 눈치를 덜 보게 되잖아? 아직 봄꽃이 채 피지 않은 이른 봄부터 멧비둘기의 짝짓기를 가까이서 볼 수 있어. 가까운 공원에서도 종종 볼 수 있으니, 아마도 짝짓기 하는 것을 가장 보기 쉬운 새가 멧비둘기 아닐까?

멧비둘기와 집비둘기를 구별하는 건 쉬운 일이야. 집비둘기는 다양한 품종이 섞여 있어서인지 무늬와 색을 딱 꼬집어 말하긴 어려워. 멧비둘기의 깃털 무늬를 알아 두면 구분하는 게 쉬워질 거야. 멧비둘기는 목 옆으로 청회색과 검은 줄이 반복하는 독특한 반점이 있어. 어린 새는 이 무늬가 다소 흐릿할 수 있지. 그럴 땐 날개의 깃털을 봐. 적갈색 테두리를 두른 검은색이 마치 비늘처럼 두드러져 보이기 때문에 쉽게 집비둘기와 구별할 수 있어.

나뭇가지에 나란히 앉은 멧비둘기 한 쌍 좀 봐. 왼편에 있던 멧비둘기가 오른편에 있던 비둘기에게 다가가 천천히 머리를 비비고 있어. 부리로 깃털을 골라 주기도 해. 심지어는 서로 부리를 맞대다가

멧비둘기

수컷   암컷

한쪽이 벌린 부리 안에다 다른 쪽이 부리를 넣기도 하고. 이건 입맞춤일까? 여러 가지 해석이 가능하겠지만, 사람의 입맞춤과 다른 행동이라는 근거도 딱히 찾기 어려워.

한참을 그러다가 한쪽이 다른 쪽에 올라탔어. 짝짓기를 시작하려나 봐. 위로 올라탄 비둘기가 수컷이야. 멧비둘기 수컷은 균형 잡기가 힘들어서 그런지, 연신 날개를 퍼덕이다가 다시 내려왔어. 그러고 나서도 한참을 서로 깃털을 골라 주고 머리를 상대 목에 비비고 있어. 암컷이 머리를 수컷에게 기대고 있는 게 마치 나란히 앉은 연인을 보는 것 같아.

● 둥지와 멧비둘기 가족

멧비둘기 둥지를 한번 살펴볼까? 멧비둘기는 가는 나뭇가지 여러 개를 겹쳐서 접시모양의 둥지를 만들어. 너무 성의 없어 보인다고? 까치 둥지에 비하면 상당히 엉성해 보이긴 해. 도시에서는 비닐 재질의 노끈을 섞어 쓰는 경우가 있어서 더 초라해 보이기도 하지.

까치 집에 비해 너무 허름해서 실망했니? 근사한 집에 산다고 사랑이 넘치는 가정도 아니고, 허름한 집에 산다고 사랑이 없는 가정이진 않을 거야. 멧비둘기의 둥지는 비록 허름하지만, 부부 사이 애정은 누구보다도 깊지.

아까 봤던 멧비둘기 한 쌍 가운데 누가 수컷이고 누가 암컷인지 구별 할 수 있었니? 멧비둘기는 겉모습만으로 암수를 가리기 쉽지

멧비둘기 둥지와 알

않아. 새들 중에서는 암수가 마치 다른 종인 것처럼 차이가 두드러지는 새가 많아. 주로 수컷이 깃털이 화려해서 예쁘고, 암컷은 주변 환경과 비슷한 수수한 색인 경우가 많지. 대표적으로 원앙을 들 수 있어. 그런데 새들의 한 가지 비밀은 수컷과 암컷의 차이가 클수록 수컷이 바람을 피울 가능성이 높다는 거야. 예전에는 부부가 결혼할 때 원앙 한 쌍을 수놓은 원앙금침이라는 베개나 이불을 준비했어. 원앙을 금슬이 좋은 동물인 줄 알았던 거야. 실제로는 원앙 수컷은 암컷 눈치를 보며 종종 다른 암컷과 바람을 피워.

그렇다면 암수 구별이 어려운 멧비둘기는 어떨 것 같아? 아마도 부부가 서로에게 충실할 가능성이 높겠지? 멧비둘기 둥지에 멧비둘기 암컷이 홀로 알을 품고 있다면, 멀지 않은 곳에 멧비둘기 수컷이 있어. 암컷이 알을 품고 있으면 수컷은 암컷에게 먹을 것을 가져다주며, 정답게 서로 몸을 비비는 모습을 볼 수 있지.

● 도시에서 언제나 발견되는 어린 멧비둘기

"네? 새끼 비둘기라고요?"

10월 중순의 어느 날, 야생 동물을 구조하는 일을 하고 있을 때,

한 신고 전화를 받고 깜짝 놀랐어. 혹시나 해서 핸드폰으로 사진을 찍어 보내달라고 했더니, 정말 노란 털을 채 벗지 못한 어린 멧비둘기였어. 바람이 찬 10월 중순, 조금만 있으면 겨울이라 걱정이 되었어. 그런데 나중에 안 사실이지만, 새들은 언제부터 언제까지가 번식기라고 딱 정의하기 어려운 특성이 있어. 한 번 새끼를 키워 내고 같은 해에 2차 번식을 하는 경우가 흔해. 따뜻한 곳에 둥지를 틀면 늦가을에도 번식할 수 있지.

둥지에 머무르는 동안 새끼 멧비둘기의 특징은 노란 털이 나 있다는 거야. 노란 털은 마치 옥수수수염이 잔뜩 난 것처럼 검은 피부 위에 규칙 없이 나 있어. 어느 정도 자라면 노란 털 아래로 부모와 비슷한 깃털이 자라나면서 더 부스스해져. 둥지를 떠날 때가 되면 노란 털이 완전히 없어져.

멧비둘기는 '비둘기 우유'라고 부르는 것을 새끼에게 먹여. 부모가 먹이를 반쯤 소화시켜서 주는 거야. 비둘기 우유를 받아먹으며 자라서 더 빨리 자랄 수 있어. 부드러운 먹이를 먹어서인지 새끼의 부리는 다 큰 부모에 비해 넓적하고 고무처럼 부드럽지.

새끼 멧비둘기

사실 새는 우리 생각보다 훨씬 더 빠르게 자라. 만약에 우리 친구들이 곤란한 장소에서 새끼 새를 발견했다면 2주만 더 기다려 주면 둥지를 떠날 정도로 자랄 거야. 무사히 자란다면 본격적인 겨울이 오기 전에 부모를 따라 도시의 하늘을 날아다닐 수 있겠지.

동물과 함께 생각해

비둘기는 유해 동물일까?

집비둘기는 도시에 가장 흔하고 사람에게 가장 가까이 다가오는 새야. 그런데 걸어다니며 잘 날지 않는 모습을 우습게 보아 '닭둘기'라는 별칭으로 부르는가 하면, 사람이 술 먹고 토한 토사물을 쪼아 먹는다고 해서 '토둘기'라고 부르기도 해. 왠지 다른 새에 비해 더러워 보이고 발이 온전치 못한 경우가 많아 보기 싫다는 의견도 많지. 거기다 비둘기 깃털에 수많은 진드기와 기생충이 있다고 알려지면서, 사람 가까이에서 날아오를 때마다 외마디 비명이 들리곤 해. 똥은 독성이 강해서 자동차에 떨어지면 똥이 붙은 부분이 부식되어 색이 변한다고도 하고.

마침내는 환경부가 나서서 집비둘기를 지방자치단체장 허가를 받아 잡을 수 있는 '유해 야생 동물'로 지정하기에 이르렀어. 법적으로 잡을 수 있는 동물로 인정되면서, 집비둘기에 대한 혐오가 더 늘어나는 추세야. 집비둘기들이 뭘 잘못했기에? 우리 한번 집비둘기 입장에서 생각해 보자.

집비둘기는 어떻게 도시에서 살게 된 걸까? 집비둘기는 한국에 살았던 비둘기가 아니야. 지중해 바위 절벽에 살던 '바위비둘기'가 원종인데, 이를 길들여 들여온 거야. 한때 집비둘기는 평화의 상징이었어. 성서에 나오는 서양 문화권에서 기원한 상징이지. 홍수가 나서 방주를 타고 떠돌아다니던 노아가 홍수가 가라앉은 땅이 있는지 알아 보려고 비둘기를 날려 보냈더니 비둘기가 올리브나무 잎사귀를 물고 돌아왔다고 해.

세계적으로 소수만 살았던 집비둘기를 사람들이 길렀고, 다양한 국제 행사와 공연 등에서 아주 많은 집비둘기를 날려 보냈지. 아무도 행사 뒤에 비둘기가 어떻게 되는지는 관심이 없었어. 우리나라에서도 1988년 서울올림픽을 시작으로 2001년도까지 많은 집비둘기를 날려 보냈고, 도시 환경에 적응하면서 급격히 늘어났어. 집비둘기를 도시에 데려온 건 바로 사람이야.

행사장에 날려 보내기 전 새장에 모여 있는 집비둘기야. 본디 자연에서 살던 바위비둘기였는데 사람들에게 길들여지며 급격히 늘어났어.

집비둘기도 다른 새처럼 목욕하길 좋아해. 비온 뒤 도로나 길에 고인 물웅덩이에 모여서 목욕을 즐기는 비둘기 떼를 흔히 볼 수 있어. 물이 얕은 도심 하천에서는 겨울철에도 목욕을 하지.

똥이 자동차의 색을 변하게 할 정도로 독한 건, 비둘기가 새이기 때문이야. 새는 사람과 다르게 똥을 누는 통로와 오줌을 누는 통로가 따로 있지 않아. 똥과 오줌을 한꺼번에 눠. 새똥에서 하얀 부분을 본 적 있지? 하얀 게 오줌이고, 오줌에는 요산이라는 산성 물질이 들어 있어서 차나 건물을 부식시키는 거야. 집비둘기만 그런 게 아니라 모든 새가 그래.

집비둘기의 발을 보면 유독 발가락이 없거나, 아예 발목만 있는 경우도 많아. 플라스틱으로 만들어진 줄에 다리에 꼬여서 피가 통하지 않는 바람에 잘렸다고도 하고, 화학물질이나 질병 등 다양한 원인이 거론되고 있어. 전 세계적으로 도시에 사는 집비둘기에서 공통으로 나타난다고 하니, 이들이 살고 있는 환경이 얼마나 팍팍한지 짐작이 가는구나.

집비둘기는 정말 해로운 동물일까? 해로운 동물이 맞다면 어떻게 해야 할까? 보기에 싫다고 혐오하거나 비하해도 괜찮은 걸까? 집비둘기가 도시에서 살게 된 역사를 한번쯤 떠올려 보자.

비가 온 뒤 보도블록에
잠깐 고인 물웅덩이에서
집비둘기가 목욕을 하고 있어.

❻ 흰뺨검둥오리
이제는 흔해진 도시의 물새

도심에도 유유히 흐르는 강들이 있어. 잔잔한 호수도 있고. 강과 호수에는 어떤 새가 살까? 다양한 새가 살겠지만, 단연 오리가 가장 먼저 떠올라. 오리들은 물에서 생활하는 데에 적응해서 누구나 잘 아는 특징이 있어. '닭발 먹고 오리발 내민다'는 속담이 있지? 뻔히 아는 일인데, 짐짓 딴청을 부리는 거야. 오리발에는 앞을 향한 세 발가락에 물갈퀴가 있어서 물에서 쉽게 움직일 수 있어.

우리가 물에서 놀 때 발에 끼는 물갈퀴도 오리발이라 부르지. 오리발을 착용하면 같은 힘으로 맨발로 물을 찰 때보다 더 멀리 갈 수 있어.

그뿐만이 아니야. 오리는 물에 젖지 않고 둥둥 떠 있을 수 있어. 꼬리 가까운 부분에 기름샘이 있어서 깃털에 기름을 발라 두었거든. 그리고 방수가 되는 겉 깃털 안에는 솜털이 빽빽하게 나 있어서 추운 겨울철에도 물 위에 떠서 생활할 수 있어.

● 물새의 특징

기름샘과 솜털은 물에서 살기 위해 꼭 필요해. 아무리 따듯한 여름이라도 항상 물에 젖어 있다면 저체온증에 걸릴 수 있어. 더운 여름철이라도 강이나 바다에서 한참 물놀이를 하다 보면 입술이 파래지도록 추워질 때가 있지? 물은 열을 전달하는 능력이 탁월한 물질이라서 따듯한 열대 바다에서도 오래 놀면 체온이 많이 떨어질 수 있어. 사람도 새도 일정한 체온을 유지해야 건강한 항온 동물이야.

우리나라에서 가장 널리 알려진 오리라면 단연 청둥오리를 들 수 있어. 청둥오리는 오늘날 우리가 키우는 집오리의 원종일 뿐만 아니라, 우리나라에서 가장 큰 강인 압록강의 이름과도 연관이 있는 친숙한 새야. 청둥오리는 대부분의 오리처럼 수컷의 색이 암컷보다 더 화려한데, 청둥오리 수컷은 머리가 진한 녹색이야. 그래서 오리[압,

鴨] 머리처럼 푸른[녹, 綠] 강이어서 압록강이라 불렀다고 해.

우리나라에 찾아오는 오리류 중에는 겨울을 나는 겨울 철새가 많아. 철새는 철마다 오가는 새를 이르는 말이야. 겨울 철새라면 우리나라에서 겨울을 보내기 위해 날아오는 새를 말하는 거지. 청둥오리는 겨울 철새야. 주로 몽골과 내몽골의 습지에서 번식하는 청둥오리는 10월 무렵이면 우리나라 곳곳의 하천과 저수지에 날아오지.

그런데 언제부터인가 몇몇 청둥오리가 사계절 내내 우리나라에 보이기 시작했어. 텃새가 된 거야. 그래서 가끔은 새끼를 거느린 청둥오리도 볼 수 있게 되었지.

● 텃새가 된 오리들

우리가 만나볼 흰뺨검둥오리 역시 겨울이면 날아와 무리를 이루고 살지. 하지만 이제는 텃새로 여겨질 만큼 어느 계절에나 새끼를 거느린 흰뺨검둥오리 가족을 흔하게 볼 수 있어. 청둥오리 암컷이 수컷과는 다르게 수수하게 생겨서인지 종종 흰뺨검둥오리를 청둥오리로 여기는 경우가 있어. 청둥오리 수컷도 번식 이후에는 암컷과 비슷한 깃털로 바뀌기 때문에 더 헷갈리기도 해. 둘 다 볼지 모르니 구별하는 법을 알아볼까?

흰뺨검둥오리는 청둥오리와는 다르게 암수 모두 수수하게 생겼어. 머리를 옆에서 보면 눈을 가로지르는 검은 선 위아래로 옅은 갈색기가 있는 흰색이야. 청둥오리도 비슷한 선이 있지만, 흰뺨검둥오리가 훨씬 밝은 느낌이야. 확실한 차이점은 흰뺨검둥오리의 부리가 까만 바탕에 부리 끝만 노랗다는 거야. 반면 청둥오리 암컷의 부리는 누런 바탕에 검은 점이 있어.

요즘 도시의 하천이나 호수, 연못에서 가장 흔히 보이는 야생 오리가 흰뺨검둥오리야. 오리답게 물에서 헤엄치는

흰뺨검둥오리

암컷

수컷

모습이 자주 보이고 물가 근처의 풀밭이나 숲 가장자리에서도 볼 수 있어.

봄부터 초여름까지 흰뺨검둥오리는 하천이나 저수지 주변의 몸을 숨기기에 좋은 풀숲에 둥지를 틀고, 10여 개의 알을 낳아 품어. 새끼는 깨어나면 마치 병아리처럼 태어난 지 오래되지 않아 두 발로 걸어다닐 수 있어. 그러면 어미는 새끼들을 이끌고 물가로 이동해. 솜털이 보송하고 아직 날개가 작은 새끼 오리를 이끌고 물 위를 떠다니는 흰뺨검둥오리는 보는 것만으로도 마음이 평화로워져.

● 도시 흰뺨검둥오리 가족이 습지를 찾아가는 머나먼 길

그런데 도시에 사는 흰뺨검둥오리 가족에게는 커다란 어려움이 있어. 사람들이 사는 곳 가까이에서 자연 풍경을 즐기려고, 다양한 작은 정원들을 만들었거든. 흰뺨검둥오리가 이런 곳에 둥지를 틀고 알을 낳은 거야. 이를테면 도시의 산을 깎아 만든 인공 폭포 같은 곳에 말이지.

사는 곳 가까이에서 오리 가족을 볼 수 있어서 너무 좋겠다고? 흰뺨검둥오리 가족에게는 험난한 앞날이 펼쳐져 있어. 작은 인공 연못에는 새끼들이 먹고 자랄 만한 먹이가 풍부하지 않아. 어미는 날지 못하는 새끼들을 이끌고 위험한 도로를 넘어 호수나 하천을 찾아가야만 해.

119 구조대원들이 대형마트 주차장에서 오고가는 차들에 쫓겨 우왕좌왕하는 흰뺨검둥오리를 구조한 적이 있어. 물새들이 왜 이런 곳에 나타났는지 의아했지. 알고 보니 주차장 건물 옥상의 그럴 듯한 정원에 둥지를 틀었지 뭐야. 그러다 새끼들을 데리고 먹이가 많은 물가로 이동하려고 한 거야. 대형 공공건물 옥상에 정원을 만드는 사례가 늘어나기 시작하면서 이런 일이 더 자주 일어나고 있어.

이런 유사 자연 공간에서 시작한 흰뺨검둥오리 가족은 습지를 찾아가는 멀고 먼 길을 걸어서 가야만 해. 높은 건물의 옥상은 새끼들이 뛰어내리기엔 너무 높으니까 말이야.

어렵게 1층에 내려왔다고 해도 아장아장 걸음으로 차가 쌩쌩 달리는 도로를 건너야만 하고, 다행히 차를 피해 도로를 건너도 뛰어넘기 힘든 중앙 분리대나 보도블록에 가로막히기도 해. 지하보도나 육교로 건널 수 있으면 좋으련만, 보도블록조차 뛰어넘지 못하는 어린 새끼에게 무리겠지?

● 하천의 풀숲에 집을 짓고 싶어

도시에는 정말 도로가 많잖아. 자연에서 태어난 오리들도 자주 맞닥뜨리는 위험이야. 잘 걸어가다가도 도시에 흔한 배수 구멍에 빠져 오도 가도 못하는 지경에 빠지기도 해.

이때 다행히 마음이 따듯한 시민들이 도로의 차들을 멈춰 세우고 구조하거나, 야생 동물을 구조하는 전문가를 불러서 하수도에서 새

끼를 구조하는 경우도 있어. 하지만 이런 경우는 그야말로 드문 기적 같은 일일 거야.

흰뺨검둥오리는 왜 이렇게 위험한 곳에 둥지를 트는 걸까? 다양한 물새의 터전인 하천은 수시로 개발 중이야. 굳이 4대강 사업처럼 거대한 공사가 아니더라도 말이지. 이제는 도시를 떠나도 자연스러운 하천을 찾기가 어려울 지경이야.

도시의 하천에도 이들이 마음 놓고 살아갈 공간은 거의 없어. 이름은 생태 하천인데, 야생 동물이 사람의 시선을 피해 둥지를 틀 만한 공간이 많지 않아. 거기다 하천 양 옆으로는 자전거와 사람들이 항상 다니고 있고, 그 끝에는 여러 개의 도로가 이어져 있어.

하천의 한쪽 면이라도 사람이 접근하지 않는 녹지를 조성하면 어떨까? 기왕이면 그 녹지가 다른 녹지들과 연결되어 다양한 도시의 야생 동물이 도로를 건너지 않고도 하천에 갈 수 있다면 좋겠어. 그러면 엄마 흰뺨검둥오리와 아기 흰뺨검둥오리들이 물을 찾아 안심하고 걸어갈 수 있겠지.

동물과 함께 생각해

새끼 새를 발견했다면?

어느 날 길 위에 떨어진 새끼 새를 발견한다면 어떻게 해 주는 게 좋을까? 가장 좋은 방법은 둥지로 다시 돌려보내는 거야. 사람이 아무리 애써도 어미 새보다 새끼를 잘 돌볼 수 없어.

그래도 새끼 새가 너무 귀여워서 돌봐주고 싶다고? 우리가 새끼 새를 잘 키울 수 있을까? 새끼 새가 한 마리의 어엿한 새로 자라나려면 어떤 게 필요할까?

새끼 새에게는 적절한 먹이를 먹여야 해. 새마다 필요한 먹이가 달라. 그런데 새끼를 보고 어떤 종류의 새인지 알아보기란 어려운 일이야. 도감이든 인터넷이든 알에서 깨어난 새끼 새의 모습을 정확히 구별해서 알려주는 자료는 거의 없어.

또 우리가 부모 새만큼 돌보기에만 집중할 수 있을까? 부모 새는 둥지에서 깨어난 참새 크기의 새들에게 최소한 20분이 채 안 되는 시간마다 먹이를 물어다 줘. 부모 새를 따라하려면 해 뜨는 아침부터 해 지는 저녁까지, 새끼들이 깨어 있는 시간 동안 새끼 새에게 매달려 먹이만 주어야 할 거야! 여름방학이라 가족 여행을 갈 거라고? 가긴 어딜 가. 새 밥 줘야지!

게다가 새끼 새가 야생에서의 삶을 당당하게 살아가려면 배워야 할 게 참 많아. 계절마다 먹이를 구하는 방법, 다른 새나 같은 종의 새들과 관계를 맺는 법 등 둥지를 나오는 순간부터 부모로부터 배워야 해. 부모 새보다 더 잘 가르칠 수 있는 친구 있니? 둥지를 찾아서 돌려놓는 게 좋겠지?

그래도 새끼 새가 다쳤거나 부모가 사라진 게 확실하다면 우리가 도와주는 게 좋겠어. 피가 나거나 추위에 떨고 있다면 문제가 있는 거겠지? 그리고 날개에 문제가 있다면, 그 새가 자연적으로 치유되기는 힘들어. 날개가 부러진 새는 한 쪽 날개만 쳐져 있거나 솟아 있어. 좌우 날개가 대칭인지 살펴보면 쉽게 알아볼 수 있지. 그리고 고양이나 다른 큰 새가 공격하는 걸 목격했다면, 분명히 다쳤을 거야. 이런 경우는 야생 동물을 돌보는 전문기관에 서둘러 구조를 요청하는 게 좋아.

우리 주변의 동물 병원을 찾아가면 적절한 치료를 받지 못할 가능성이 높아. 보통 동물 병원은 주로 개와 고양이를 돌보기 때문에 새는 낯선 손님이지. 게다가 야생 새를 애완 새처럼 가둬 두면 돌이킬 수 없는 나쁜 결과를 가져오는 경우가 많아. 예를 들어, 우리가 애완 새를 키우는 금속 새장이나 철망으로 만든 애완견 우리에 야생 새를 가둬 두면 금세 깃털이 망가져 버려. 깃털이 망가진 새는 제대로 날 수 없고 결국 야생으로 돌아갈 수 없어.

다치지 않았다면 새끼 새를 부모에게 잘 돌려보내면 돼. 알에서 깨어난 지 얼마 되지 않은 새끼는 원래 있던 둥지를 찾아서 넣어주고, 둥지가 파괴된 상황이라면 작은 바구니나 상자에 부드러운 마른 풀이나 천을 깔아준 뒤 새끼 새를 넣어 두고 멀찍이서 어미 새가 찾아오는지 지켜보는 거야. 2시간을 기다렸는데도 어미가 오지 않는다면 부모 새가 사라졌을 가능성이 높아. 그렇다면 다시 구조해야겠지?

깃털이 꽤 나고 퍼덕거리는 새라면 이미 둥지를 떠난 새야. 주변에 새를 위협하는 동물이 없다면 그대로 두고 지나쳐도 좋아. 혹시 새끼 새를 위협하는 개가 주변에 있다면, 덤불에 숨겨 주거나 나무 위에 올려 두는 정도의 도움을 주면 돼.

불가피하게 새를 구조해야 할 경우, 새를 어떻게 잡는 게 좋을까? 까치 같은 새는 어리더라도 부리로 꽤 세게 쫄 수 있어. 맹금류 새끼라면 발톱으로 할퀼 수도 있겠지? 그리고 갓 태어난 새끼는 우리가 잡는 손 힘 조절을 잘못하면 다칠 수 있어. 그래서 새를 천이나 수건으로 감싸서 옮기는 게 좋아.

구조기관에 연락을 해도 새끼 새를 데려갈 때까지는 시간이 걸릴 거야. 태어난

❶ 알에서 깨어난 지 얼마 되지 않은 새끼는 가급적 원래 있던 둥지를 찾아서 넣어주자. 새끼를 손으로 잡을 때 조심해. 장갑을 끼고 새끼가 다치지 않게 잡아.

❷ 둥지가 파괴된 상황이라면 작은 바구니나 상자에 부드러운 마른 풀이나 천 따위를 깔고 새끼를 넣어주자. 멀찍이 서서 어미 새가 찾아오는지 지켜보다가 2시간 넘도록 오지 않는다면 구조기관에 신고해.

❸ 새끼 새를 위협하는 개나 고양이가 주변에 있다면 덤불에 숨겨두거나 나무 위에 올려두면 새를 살릴 수 있어.

❹ 불가피하게 새를 구조해야 할 경우는 새를 어떻게 잡는 게 좋을까? 새의 부리나 발톱에 구조자가 다치지 않도록 조심하자. 천이나 수건으로 감싸서 옮기는 게 좋아.

지 오래되지 않아 맨살이거나 솜털만 난 새끼라면 따듯한 곳에서 보호를 해야겠지? 종이 상자에 새끼의 발이 꼬이지 않도록 끈이 없는 천을 깔고 넣어 둬. 낡은 수건처럼 부드러운 천이 좋아. 새끼 새는 스트레스에 매우 취약해! 신기하다고 만지거나 귀찮게 하지 않고 어둡고 조용한 장소에 두어야 해.

새끼 새나 다친 새에게 먹이를 함부로 주면 안 된다는 사실도 명심해. 적절한 먹이가 아니거나 먹이를 소화시킬 힘이 없을 때 먹으면 죽을 수도 있어. 물을 주어야 한다면 새의 몸집보다 작고 낮은 그릇에 따라서 주거나 스포이드로 조금씩 부리에 넣어 주어야 해. 큰 물그릇을 놓아 두면 물그릇에 빠져서 나오지 못하거나 물에 젖어 체온이 떨어져서 죽을 수도 있거든.

아마도 우리가 살아가면서 새끼 새를 적어도 한 번 이상은 마주하게 될 거야. 그만큼 우리 주위에 많거든. 사람과 만난 새에게 부디 밝은 미래가 주어졌으면 좋겠어.

2부

젖먹이 동물

관심을 가지면
보이기 시작하는

♣ 우리와 가까운 젖먹이 동물(포유류)

포유류는 새끼에게 젖을 먹이는 동물이야. 작은 쥐부터 바다에 적응해 살고 있는 커다란 고래까지 다양한 동물이 포유류에 속해. 젖먹이 동물은 새끼를 낳지. 그런데 여기에는 약간의 예외가 있어. 호주에 사는 오리너구리는 알을 낳아. 하지만 새끼에게 젖을 먹인다는 점에서 모든 포유류는 같아. 물론 사람도 포유류야!

이런 점을 생각해 보면 사람은 젖먹이 동물들과 매우 친숙한 동물 맞지? 그런데 개나 고양이처럼 우리가 키우는 동물을 제외하면 실제로 포유류를 만날 일은 새보다 드물어. 대부분의 야생 포유류는 사람을 피하는 본능이 있는 걸까? 어느 정도는 그럴 거야. 새 역시 사람을 피하지만, 하늘을 나는 야생의 새를 보는 건 어렵지 않아.

또한 대부분의 새는 해가 떠 있는 시간에 활동하지만, 도시의 젖먹이 동물은 들키지 않고 움직일 수 있는 해가 진 이후의 시간에 주로 활동해. 그리고 야생 포유류는 풀숲이나 나무와 같은 곳에 자신을 숨기지.

♣ 동물의 흔적을 찾아서

포유류를 조사하려고 도시가 아닌 숲이나 바닷가 같은 서식지를 돌아다닐 때도 동물을 직접 마주치는 경우는 매우 드물어. 어떤 동물이 있는지 알 수 있는 건 주로 그들이 남긴 흔적을 통해서야. 포유류는 어떤 흔적을 남길까? 흙이나 모래, 하얀 눈 위를 지나가면 발자국이 남아. 발자국 모양을 보고 발자국의 주인이 누구인지 알아차릴 수 있어.

그리고 동물들은 각자의 특색이 있는 똥을 남겨. 멧토끼나 노루 같은 초식 동물은 둥글둥글한 똥을 여기저기에 누지. 육식 동물은 똥을 다른 동물에게 자신의 영역을 알리는 데에 쓰기 때문에 눈에 잘 띄는 길 위의 바위 같은 곳에 누는 경우가 많아. 똥을 살펴보아서 동물의 뼈가 나오거나 생선 가시가 나온다면 확실히 육식 동물이겠지?

그 외에도 다양한 흔적을 남겨. 초식 동물의 종류에 따라 풀을 먹은 흔적이 다르기도 해. 멧토끼는 잘 발달된 앞니로 풀을 잘라서 먹지만, 고라니는 위쪽 앞니가 없어서 풀을 뜯어서 먹거든. 칼로 자른 듯한 풀의 단면은 멧토끼의 흔적일 수 있겠지?

멧돼지와 같은 동물은 소나무처럼 거친 나무껍질에 등을 긁기도 해. 그런 나무 둥치의 껍질을 잘 살펴보면 멧돼지의 털이 몇 가닥 남아 있지.

♣ 도시의 젖먹이 동물

새에 견주어서 젖먹이 동물은 직접 목격하기 어렵기는 하지만, 최근에 도시에서도 포유류를 목격했다는 이야기가 자주 들려. 도시의 젖먹이 동물이라고 하면 길고양이가 다인 줄 알았는데, 야생 포유류는 우리가 모르는 사이에 은밀하게 우리 곁에서 살고 있었던 거야.

이번에는 도시에 살고 있는, 우리와 같은 공간에서 살고 있는 젖먹이 동물 이야기를 할 거야. 흔적이든 실체든 관심이 있어야 보여. 관심이 없으면 눈앞에 있어도 그냥 지나치는 경우가 많지.

먼저 가장 천시받지만, 매우 중요한 젖먹이 동물의 이야기를 시작해 볼게.

쥐

쥐가 많은 숲이 건강하다

풀과 나무라고는 보이지 않는 주택가에도 야생 동물이 살고 있을까? 잘 보이지 않지만, 사람이 사는 마을 주변에 언제나 살아가고 있는 포유류가 있어. 바로 생쥐야. 작은 생쥐들은 하수관처럼 들키지 않는 곳으로 은밀하게 다니며 우리와 무척 가까운 곳에 살고 있어.

오래된 집에서는 천장을 돌아다니는 쥐들의 소리가 들릴 때도 있지. 생쥐는 한 줌에 잡힐 정도로 몸집이 작은 데다가, 다른 쥐처럼 밤에 주로 활동하는 야행성이어서 직접 보기는 힘들어. 야행성이라고 해서 낮에는 전혀 움직이지 않는다는 의미는 아니야. 해질 무렵부터가 주로 활동할 시간이라는 뜻인 거야. 우리는 도시에서 언제든 쥐와 마주칠 수 있어.

쥐 이야기를 하니 소름 끼친다고? 한 가지만 약속해 줘. 어떤 일이 있어도 소리를 지르지 않겠다고 말이야. 사실 삼촌이 우리 마을 쌀집 앞 배수구 위에 앉아 있는 생쥐 한 마리를 봤거든. 몸 전체가 갈색을 띤 부드러운 털이랑 몸에 비해 크고 둥근 귀. 어때? 꽤 귀엽지 않니? 만화 주인공으로도 나오잖아. 내가 보고 있다는 걸 눈치챘는지 배수구 구멍으로 다시 쏙 들어갔어.

● 쥐, 잘 알지만 잘 모르는 야생 동물

심지어는 지하철역 앞에서 노점 상인이 늘어놓은 박스 옆에 가만히 앉아 있는 생쥐를 본 적도 있어. 할머니가 키우는 애완 쥐도 아닐 테고, 무슨 생각으로 거기에 가만히 있는 건지. 쥐가 말을 할 줄 안다면 물어보겠지만 그럴 수 없어서 답답했어. 여하튼 그만큼 생쥐가 우리 주변에 흔하다는 거겠지?

쥐는 흔적을 보기가 더 어려워. 농경지나 하천 주변이라면 쥐 발자국이 찍힐 만한 고운 흙이나 진흙이 있겠지만, 도시에서는 콘크리트나 아스팔트로 포장되어 있어서 발자국 보기도 어렵지. 그래도 쥐

시궁쥐

생쥐

가 먹이를 구하기 쉬운 시장 인근의 시멘트 바닥에는 간혹 발자국이 있을 때가 있어. 시멘트가 굳기 전에 쥐가 위를 지나갔겠지?

삼촌이 본 발자국 흔적은 크기로 봐서는 생쥐보다 훨씬 더 큰 시궁쥐인 것 같아. 물론 확신할 수는 없어. 쥐 발자국이 깨끗하게 찍히는 경우가 드물고, 모양이 매우 비슷해서 발자국만으로 종을 정확히 가려내는 건 어렵기 때문이야. 다만 모든 쥐는 앞발가락이 4개, 뒷발가락이 5개야. 찍힌 발가락 수를 헤아려 보면 최소한 발자국의 주인공이 쥐라는 건 쉽게 알 수 있어.

쥐에 속하는 동물을 설치류라고 해. 쥐는 앞니가 길게 발달해 있는데 계속해서 자라기 때문에 단단한 물체를 이빨로 자주 갈고 있어. 그래서 시궁쥐나 생쥐가 집의 나무로 된 부분을 갉아 버리는 경우가 있지.

쥐들은 종류가 꽤 많아. 전 세계를 통틀어 3천여 종에 달하고, 우리나라에 산다고 알려진 종만 해도 20여 종이야. 이들은 각각 좋아하는 환경이 달라. 앞서 보았던 시궁쥐나 생쥐는 마을 근처나 항구, 시장 등 사람이 사는 곳에 주로 살아. 등줄쥐처럼 농경지나 농경지 인근을 좋아하는 쥐도 있고 흰넓적다리붉은쥐처럼 숲을 좋아하는 쥐도 있어.

● 쥐 밀도는 생태계의 지표

쥐를 조사하러 멋진 숲에 갔던 적이 있어. 둥치가 한 아름은 될 법한 곧게 뻗은 소나무와 참나무가 많은 숲을 가로지르는 비포장도로를 타고 한 시간을 움직여 조사 지역에 도착했지. 여기에 '셔먼 트랩(Sherman Trap)'이라 불리는 긴 직육면체의 덫에 땅콩이나 비스킷 같은 미끼를 넣고, 일정한 간격으로 여러 개를 놓아서 어떤 쥐가 얼마나 많이 잡히나 보는 거야. 덫에 걸려 죽으면 어떡하느냐고? 이 덫은 금속 통에 가두는 구조로 되어 있어서 쥐가 다치지는 않아. 다만 쥐가 오래 갇혀 있으면 죽기도 해.

쥐 역시 사람처럼 체온을 일정하게 유지하는 항온 동물이야. 그런데 쥐는 우리보다 아주 작아. 그래서 몸이 빨리 식을 수밖에 없어. 자유롭다면 여기저기 돌아다니며 먹이를 먹고 따듯한 낙엽이나 땅속으로도 들어갈 수 있지만, 갇혀 있으면 그럴 수 없잖아. 그래서 차갑게 식은 쥐 사체를 보지 않으려고 조사할 지역을 하루에 두 번씩 갈 수밖에 없었어. 덜컹거리는 차를 한 시간씩 타면서 말이야.

기대감에 부풀어 트랩을 확인해 보면 십중팔구는 비어 있지만, 하

쥐의 밀도를 조사하기 위해 설치한
셔먼 트랩

나 정도는 쥐가 들어가 있어! 잡힌 쥐는 기록하고 표시해서 다시 놓아주었어. 표시를 하는 이유는 같은 쥐가 또 잡힌 건지, 다른 쥐인지 구별하기 위해서야. 한 곳에서 쥐가 많이 잡힐수록 그곳에 쥐가 많이 산다는 거겠지? 면적에 비해 쥐의 밀도가 높다면 그곳은 쥐가 살기에 좋은 곳이라는 뜻이야. 한두 번 해서는 의미 있는 결과를 얻기 힘들어서 날마다 두 번씩 꽤 오랜 기간 숲을 드나들어야 했어.

쥐가 살기에 좋은 곳이라니 별로 가고 싶지 않다고? 매일 두 번씩 숲을 드나들다 보니 직접 보기 힘든 야생 동물을 꽤 마주칠 수 있었어! 나무 위에 가만히 앉아 지켜보다가 날아가는 야행성 맹금류인 올빼미와 길을 유유히 가로질러가는 우리나라 최대의 고양이과 동물인 삵을 보았을 때는 정말 기뻤지. 친구들도 보고 싶다고? 많은 동물들을 보고 싶다면 잘 생각해 봐. 우리에게 쌀밥이 기본인 것처럼, 야생의 육식 동물에게는 쥐가 기본 먹이야. 어떤 땅에 육식 동물이 얼마나 살 수 있을지는 그 땅에 쥐가 얼마나 사는지에 달려 있어.

물론 쥐 자체의 매력도 분명히 있어. 계속 보니까 정들었는지, 쥐의 초롱초롱한 눈빛이 정답게 느껴지기 시작했어. 만났던 쥐들 대부분이 우리나라 숲 환경을 대표하는 쥐인 흰넓적다리붉은쥐였어. 이름처럼 털이 부드러워 보이는 비단털들쥐도 볼 수 있었어. 쥐벼룩이 옮을까 봐 장갑을 벗고 만져 보진 못했지만 말이야.

● 도심 녹지에서 쉽게 볼 수 있는 설치류

산에서 귀여운 다람쥐는 보지 못했냐고? 사람들은 흔히 다람쥐가 산에 살 거라고 생각해. '산골짜기 다람쥐, 아기 다람쥐'로 시작하는 유명했던 동요 때문일까? 사실 다람쥐는 깊은 산보다는 사람이 자주 다니는 농경지나 야산에 많이 살아.

숲에서 보더라도 깊은 숲속에서 발견되기보다는 사람들이 만든 길 근처나 사찰, 유원지 근처에서 발견되는 경우가 잦지. 게다가 다른 대다수의 설치류와는 다르게 낮에도 활발하게 활동해서 더 쉽게 볼 수 있어. 그러니 공원이나 유적지 같은 도시의 녹지에서 볼 수 있는 게 놀라운 일은 아니야.

다람쥐의 뜻밖의 면모는 그것뿐만이 아니야. 다람쥐는 도토리 같은 나무 열매만 먹는 게 아니라 곤충을 아주 잘 먹어. 사마귀와 같은 사나운 곤충을 능숙하게 잡아먹는 모습을 보면 사냥 기술이 대단하

서로 다른 서식지에 사는
청설모, 다람쥐, 생쥐

다니까. 노란 바탕에 갈색 줄이 있는 데다가 꼬리가 북슬북슬해서 귀엽게만 보이는 다람쥐 역시 쥐인 거지. 다른 쥐들도 여름에는 곤충을 잡아먹곤 해.

다람쥐가 식물이 널리 퍼지는 것을 돕는다는 이야기도 있어. 도토리나 나무 열매를 여기저기 저장해 두었다가 어디에 모아 두었는지 잊어버리는 바람에 이듬해 그 자리에서 나무의 싹이 튼다는 거야. 사실이 아니야. 그 이야기의 주인공은 청설모야. 다람쥐는 식물의 씨앗을 볼주머니가 불룩해지도록 모아서 겨울을 지내기 위해 파 둔 굴에 저장해 두지. 겨울잠을 자면서 가끔 배고파 깨면 모아 둔 씨앗을 먹어. 그래서 다람쥐가 모은 씨앗이 싹 틀 희망은 거의 없어.

청설모는 겨울잠을 자지 않아. 겨울이 다가오면 여름보다 훨씬 북슬북슬하고 빽빽하게 나는 겨울털로 갈아입어. 그리고 여기저기 땅에 먹이를 숨겨 두지. 저장한 먹이를 찾아서 먹으며 겨울을 나. 그런데 워낙 넓은 곳에 씨앗을 숨기다 보니 일부는 찾지 못해. 청설모가 찾지 못한 씨앗은 이듬해 싹을 틔울 수 있어.

청설모는 예전에는 드문 편이었는데, 최근에는 숲이 있는 곳 어디서나 흔히 볼 수 있게 되었어. 낮에도 활발히 활동하기 때문에 자주 볼 수 있지만, 보고 싶다면 땅을 보기보다는 머리 위를 살펴보는 게 좋아. 청설모는 주로 나무를 타고 이동하거든.

주로 땅에서 활동하는 다람쥐와는 달리, 청설모는 주로 나무 위에서 생활해. 굴을 파고 들어가지 않고, 나뭇가지를 엮은 까치 둥지처럼 생긴 둥지를 만들어서 잠을 자기도 해.

설령 청설모를 보지 못하더라도 흔적으로 청설모가 사는지 쉽게 알아차릴 수 있어. 나무에서 먹이를 먹고 남은 것을 땅으로 흘리는 버릇이 있거든. 호두나 잣 같은 딱딱한 껍데기에 싸인 열매도 쉽게 쪼갤 수 있는 강한 앞니가 있는데 먹이를 깰 때 껍질 조각들이 땅에 떨어지는 거지. 가장 흔히 볼 수 있는 흔적은 솔방울을 까먹고 떨어뜨린 비늘 조각과 깍정이야.

사람들이 어떻게 생각하는지와 무관하게 쥐들은 우리 가까이에서 살고 있어.

동물과 함께 생각해

청설모가 정말 다람쥐를 잡아먹을까?

청설모를 둘러싼 흉흉한 소문이 있어. 청설모가 원래 우리나라에 살았던 동물이 아니고 성격이 포악해서 다람쥐를 잡아먹는다는 거야. 정말 그런 걸까?

청설모가 외래종이라는 주장은 삼촌이 어렸을 때만 해도 보기 드문 동물이었다가 점점 흔해진 정황과 맞아떨어져서 그럴싸하게 들려. 그런데 조선 시대에 살았던 우리 선조들은 '청서'를 잘 알고 있었어. 청서가 청설모야. 푸른 쥐라는 의미의 '청서'에 털을 뜻하는 '모'가 붙은 이름이지. 질 좋은 필기구를 찾던 사람들은 청서의 털로 만든 붓을 즐겨 썼어. 하도 자주 쓰다 보니 원래의 이름 대신 '청서의 털'이라는 이름으로 불리게 된 거야. 최소한 수백 년 전부터 이 땅에 살았던 동물을 외래종이라 할 수 있는 걸까?

다람쥐를 해친다는 것도 사실과는 거리가 멀어. 종종 새알을 훔쳐 먹는 습성을 보면 우연히 다람쥐의 어린 새끼를 마주친다면 잡아먹을 수도 있을 것 같긴 해. 하지만 둘은 생활권이 너무 달라. 청설모는 다람쥐처럼 굴을 파지도 않고, 땅에 머무를 때도 아주 잠시만 머무르다가 곧장 다시 나무를 타고 오르는 경우가 많아. 청설모가 다람쥐 굴에 들어가는 것도 불가능해 보이고, 다람쥐는 나무를 잘 타지 않아.

이런 생태를 생각해 보면 예전에 청설모가 드물었던 것도 이해할 수 있어. 예전에는 한국전쟁을 거치며 산이 불타고, 나무를 땔감으로 쓰는 바람에 나무가 없는 민둥산이 많았어. 청설모도 많이 줄어들었겠지? 이후 산에 나무를 심고 가꾸기는 했지만, 청설모가 살기에 충분히 좋은 숲이 다시 생기기까지 시간이 꽤 걸렸어. 그래서 어른들의 어릴 적 기억에는 청설모가 드문 동물이었던 거지.

다람쥐와 청설모는 서식지와 습성이 달라. 청설모는 주로 나무 위에서, 다람쥐는 땅에서 먹이를 찾지. 그리고 다람쥐는 겨울잠을 자지만 청설모는 겨울잠을 자지 않아.

다람쥐

청설모

청설모는 왜 다람쥐를 해치는 나쁜 외래종이라는 억울한 누명을 쓰게 된 걸까? 어떤 이유로 이런 헛소문이 퍼지기 시작했는지는 알기 어려워. 하지만 왜 이 이야기가 요즘까지 사람들에게 널리 퍼져 있는지는 알 것 같아. 우리가 보기에 다람쥐가 무척 귀엽기 때문에 다람쥐를 피해자로 보는 이야기에 더 공감한 게 아닐까?

삼촌의 추측만이 아니야. 연구에 따르면 젖먹이 동물을 연구한 논문 1400여 편을 분석한 결과, 사람의 기준으로 못생긴 동물은 잘생기고 예쁜 동물에 비해 멸종 위기에 처할 확률이 높다고 해. 몸 크기에 비해 큰 눈을 가지고 털색이 예쁘면 보전에 필요한 지원금이나 보호기금을 타기 쉽지만, 그렇지 않다면 관심조차 주지 않는다는 거야. 무언가 사람에게 해를 끼치는 동물이라면 '나쁜' 동물로 분류

되어 생존이 더 힘들어지기도 해. 청설모는 잣이나 호두나무를 키우는 농가에서 싫어하는 동물이기도 하지.

다람쥐가 귀엽긴 하지만 뭐, 청설모가 어디가 어때서! 겨울철 복스러운 털로 갈아입은 청설모를 보면 꽤 귀엽다고. 생김새와 상관없이 청설모는 우리 숲에 잘 적응하고 숲을 가꾸며 살아가는 동물이야.

청설모 얼굴

② 족제비

날렵한 최고의 사냥꾼

예전에 매우 오래된 집에서 산 적이 있었어. 집이 오래되어서인지, 쥐가 드나들 수 있는 구멍이 있었나 봐. 어느 날 아빠가 자다 일어나, 냉장고에서 물을 꺼내다 그만 거실에 나온 쥐와 눈이 마주쳤지 뭐야. 그다음 날부터 아빠는 집의 으슥한 곳마다 쥐덫을 놓았어. 쥐가 지나다가 밟으면 철커덕 소리를 내며 쥐 다리를 잡아 버리는 무시무시한 덫이었지. 쥐가 어찌나 부지런히 우리 집을 드나들었는지, 일주일에 한 번꼴로 쥐덫에 쥐가 걸렸어.

그러다 어느 날 찍찍거리는 소리가 나서 쥐덫을 확인했더니, 처음 보는 동물이 덫에 걸려 있지 뭐야. 쥐가 아니라 족제비였어. 몸이 기다랗고 꼬리까지 누런 털로 덮여있는데 눈 주위는 꺼멓고 코 주위는 흰색이어서 귀여워 보였어. 가까이 가니 이빨을 보이며 위협해서 무서웠지만 말이야.

쥐를 잡아먹는 족제비라고 해서 풀어 주긴 했지만, 지금 생각해 보면 아쉬워. 덫에 걸리며 다리를 다치는 바람에 야생으로 돌아가서 제대로 살 수 없었을 것 같거든. 요즘 같으면 야생동물구조센터에 알려서 치료라도 했을 텐데 말이야.

● 도시에 적응한 사냥꾼

족제비 같은 야생 동물이 집에까지 들어왔다가 쥐덫에 걸린 게 당시에는 무척 신기했어. 그런데 족제비가 쥐덫이나 끈끈이에 걸리는 일이 그렇게 드문 일은 아니야. 족제비는 다리가 짧고 몸이 매우 유연하기 때문에 쥐가 다니는 좁은 통로도 쉽게 드나들며 사냥할 수 있거든. 그 당시에는 매우 특별한 일인 줄 알았는데, 족제비는 오래전부터 우리 곁에 흔히 살고 있었어.

족제비는 몸도 유연하고 재빠른 데다가 이빨이 날카로워서 쥐의 중요한 천적 중 하나야. 가만히 있지를 못하는 성격 때문에 쉴 때를 제외하고는 항상 자신의 영역을 돌아다니며 사냥감을 찾아다녀. 종종 앞다리를 들고 일어서서 먹이를 찾지. 깊은 산속부터 사람이 사는 마을까지 다양한 곳에 살고 있지만, 농촌 마을에 더 많이 살아. 먹이인 쥐가 많이 살기 때문일 거야.

뛰어난 사냥 기술을 쥐에게만 쓰지는 않아. 족제비는 쥐뿐만 아니라 두더지나 종종 멧비둘기와 같은 새나 어린 토끼까지 사냥해. 사나운 사냥 본능을 타고난 것 같아. 방앗간 근처에서 어미를 잃고 발견되어 야생동물구조센터에서 보호하던 새끼 족제비를 잠시 돌본 적이 있어. 황갈색을 띠는 부모와는 다르게 진한 밤색 털이 나 있는 새끼들은 귀여운 외모와는 다르게 꽤 사나웠어. 밥을 주려고 우리 문을 열었는데, 작은 족제비가 자기들 영역을 침범한다고 쉭쉭거리지 뭐야? 얼른 고기를 담은 그릇만 넣어줘야겠다 생각하고 빠르게 손을 넣었다 뺐는데, 그 사이에 그릇을 피해서 손가락만 정확히 물더라고. 얇은 고무장갑은 손쉽게 뚫렸어. 나중에 들으니, 어미에게

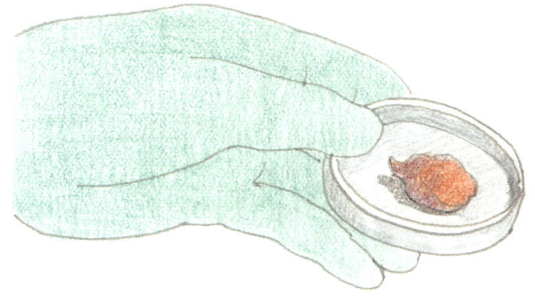

구조된 새끼 족제비에게 먹이 주기

사냥을 배우지 못한 족제비라도 작은 생쥐쯤은 잡을 수 있대.

● 먹이, 성격, 흔적

타고난 사냥 본능과 좁은 통로도 손쉽게 통과하는 유연한 몸으로 도시 진출에 성공했을까? 그런 이유도 있겠지만, 도시의 족제비는 다양한 먹이에 적응한 것 같아. 산에 사는 족제비도 육식만 하지는 않아. 여름철에는 산딸기 같은 나무 열매도 먹어. 식물성 먹이도 먹는다는 거겠지? 요즘 길거리에 사는 길고양이들에게 사료를 주는 사람들이 많아. 이런 사료를 먹는 족제비가 종종 관찰되고 있어. 쓰레기봉투를 뜯는 족제비도 있는데 그 정도는 양반인

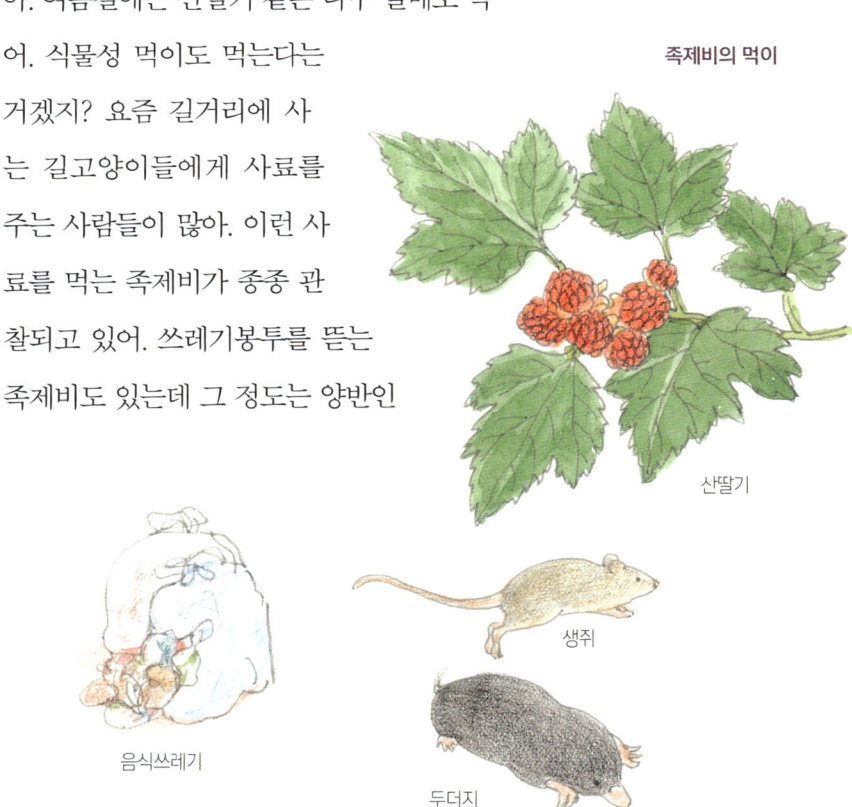

족제비의 먹이

산딸기

음식쓰레기

생쥐

두더지

두 발로 선 족제비

걸까? 정육점에 들어가 돼지비계를 빼 먹는 족제비가 발견된 적도 있어!

족제비는 뛰어난 사냥꾼이며 호기심이 강한 성격이야. 우연히 마주친 족제비를 보면 항상 그랬어. 아파트 화단에서 부스럭거려서 가까이 가 보았더니 잠시 나를 빤히 쳐다보다가 사라진 족제비, 길 옆 돌 틈에서 발견해 다가가니 틈 속으로 쏙 들어가며 도망가는 듯했는데, 다른 돌 틈으로 고개를 빼꼼히 내밀어 나를 보던 족제비. 사람에 대한 두려움이 없는 건 아니겠지만, 호기심이 훨씬 더 강한 것 같아.

사냥감이든 뭐든 호기심 어린 눈으로 관찰하다 보면 금방 속성을 이해할 수 있을 거야. 몸만 유연한 게 아니라 새로운 음식을 시도하는 데에도 유연한 동물이야.

도시에 제법 흔하지만, 좁은 틈으로 은밀하게 다니는 걸 좋아하는 습성 때문인지 족제비를 직접 목격하기가 쉽지 않아. 족제비가 남기는 흔적을 찾아볼까? 돌 위에 똥을 누는 경우가 많아. 주로 길 옆의 족제비가 앉을 수 있을 만한 길이 30~40센티미터 이상의 큰 돌 위에 싸 놓은 걸 볼 수 있어.

도시에서는 콘크리트가 많아서 보도블록 같은 곳에 똥이 있기도 해. 검거나 살짝 갈색을 띠고 국물 내는 멸치 정도의 크기야. 개똥이나 고양이 똥에 비하면 훨씬 가는 편이지. 똥에서 족제비 특유의 악

족제비의 발자국 흔적

취가 나. 쥐를 먹고 눈 똥은 끝이 뾰족해.

　도시의 공원에서 고운 흙이나 진흙이 깔린 배수로에서 발자국을 찾아볼 수도 있어. 5개의 발가락과 발톱이 찍혀 있는데 다 큰 족제비라면 발자국 하나가 오백 원짜리 동전과 크기가 비슷해. 족제비는 허리가 길고 다리가 짧다 보니 뛰면서 남긴 발자국은 앞발자국과 뒷발자국이 모여 있지. 족제비 식구에 속하는 오소리, 담비, 수달 같은 동물도 5개의 발가락이 찍혀.

● 세상에서 가장 작은 육식 동물, 쇠족제비

우리나라에는 족제비보다 훨씬 더 작은 족제비도 살고 있어. 작은 족제비여서 작다는 의미의 '쇠-'를 붙여 쇠족제비라고 불러. 원래는 무산쇠족제비라고 했는데, 일제 강점기에 함경북도 무산에서 처음 기록되었기 때문이야. 그 이후로도 꽤 오랫동안 이북 지역이나 강원도에서만 산다고 생각했지만, 사실은 우리나라 전역에 살고 있어서 쇠족제비라고 부르게 되었어.

쇠족제비

족제비

족제비보다 작기만 하다면 구별하기 어렵겠지? 족제비의 어린 새끼처럼 털이 밤색이지만, 턱 아래부터 배까지는 흰색이야. 게다가 꼬리가 짧아서 족제비와는 쉽게 구별할 수 있어. 추운 북쪽 나라에 사는 쇠족제비는 겨울철에 하얀 겨울털로 털갈이를 한다고 해. 눈 위에 있으면 눈과 코만 보이는 걸 보니, 사냥할 먹잇감에게 들키지 않을 뿐더러 자기를 노리는 맹금류의 눈에 띄지 않을 것 같아. 하지만 우리나라에 사는 쇠족제비는 1년 내내 밤색이야. 우리나라는 북쪽 나라들 만큼 쌓인 눈이 오래가지 않아서 그런 것 같아.

쇠족제비는 다른 동물을 잡아먹는 육식 동물 중에서 가장 덩치가 작아. 그래서 '세계에서 가장 작은 육식 동물'이라고 부르기도 해. 족제비보다 작은 몸은 쥐를 추적해 잡아먹는 데에 더 적격이야. 한 해에 작은 쥐를 2000마리 이상 사냥한다고 알려져 있어. 쥐가 넉넉

하면 잡은 쥐의 뇌만 파먹고 버릴 정도라고 하니 얼마나 자신만만한 사냥꾼인지 알겠지?

쇠족제비 똥은 쥐를 먹고 눈 족제비 똥과 모양이 비슷하지만 훨씬 작아. 돌 위에 똥을 잘 누는데, 족제비가 앉기에 작은 돌 위에 똥이 있다면 쇠족제비 똥일 가능성이 높겠지? 경북 안동시나 경기도 성남시 등의 도시 인근 산이나 경기도 고양시 호수공원 근처에서도 쇠족제비가 발견된 걸 보면, 언젠가는 쇠족제비도 족제비처럼 가까이에서 보게 될지도 몰라.

동물과 함께 생각해

반려동물의 사냥, 인간의 잘못일까? 동물의 잘못일까?

고양이를 키우면 종종 고양이로부터 '선물'을 받는다고 해. 쥐나 새, 곤충, 뱀 등을 잡아 와서 주인에게 가져다주지. 보통은 싫어할 만도 한데, 고양이를 사랑하는 사람들은 이런 고양이의 행동을 주인에 대한 애정 표현으로 받아들이면서 오히려 흐뭇해 하는 분위기야. 고양이에게 잡혀 온 동물 입장에서 생각해 보면 어떨까?

개와 고양이는 원래 뛰어난 사냥꾼들이었어. 아주 오래전부터 가축이 된 개에 비해서 고양이가 야생성이 더 강하다고는 하지만, 개도 움직이는 생물을 쫓아가 잡는 본성은 여전히 남아 있어. 농촌에서는 풀어 키우는 개가 고라니나 너구리를 만나면 물어 죽이는 경우가 흔해.

이렇게 사냥 본능이 살아 있는 동물을 섬처럼 고립된 생태계에 풀어놓으면 섬에 살던 동물들에게는 재앙에 가까운 결과를 가져와. 한 연구에 따르면 섬에 사는

옛 그림에서도 까치나 참새, 닭을 쫓는 고양이 그림이 많지. 고양이는 유능한 포식자야.

새 가운데 22종이 고양이에 잡아먹혀서 멸종 위기에 처했다고 해. 섬에는 하늘에서 오는 포식자만 있고, 육상 포식 동물은 흔하지 않았거든. 그런데 점점 고양이가 늘어나고 있어. 우리나라에서 아직 정확한 통계는 없지만, 섬처럼 고립된 생태계가 아닌 경우에도 고양이는 꽤 많은 새를 잡는다고 알려져 있어.

반려동물에게 다른 동물을 죽인 책임을 물을 수 있을까? 그들은 본능대로 사냥했을 뿐이지. 하지만 야생 동물의 입장에서 반려동물은 인간이 불러온 재앙이야. 사람이 번식시키고, 우리의 이익을 위해 키운 동물이니 말이지. 야생 동물에게 반려동물에 의한 피해는 서식지 파괴나 밀렵과 같은 피해와 크게 다를 바가 없어.

그렇다면 인간인 우리에게 책임이 있겠지? 개를 데리고 산책할 때에는 목줄을 해야 해. 개를 무서워하는 사람을 위한 것이기도 하지만, 다른 동물을 향한 공격 등 돌발 상황도 막을 수 있기 때문이야. 순진해서 아무것도 모를 것 같던 작은 개도 공원을 산책하다가 잘 날지 못하는 어린 새를 만나면 물어 죽이기도 해.

고양이가 산책할 때 새가 잘 알아차리고 미리 도망가도록 목에 소리가 나는 종을 달기도 하는데, 고양이가 아주 조용히 접근해서 동물을 덮치기 때문에 효과는 적어. 새의 눈이 좋다는 점을 이용해서 여러 색의 천을 목깃으로 만들어 고양이 목에 둘러 주면 사냥 성공률이 줄어든다고 해.

가장 좋은 것은 집안에서 키우고, 외출할 때에는 항상 주인이 살펴봐야겠지? 반려동물을 야생에 몰래 버리는 일은 절대 하지 말아야 하고. 그 외에도 반려동물이 다른 동물을 죽이지 못하게 하는 좋은 방법이 있을 거야. 우리 같이 한번 생각해 볼까?

라쿤 캐릭터

너구리

너구리

우리나라에서 가장 큰 야생 개과 동물

너구리하면 떠오르는 것이 있니? 너구리 라면? 애니메이션에 나오는 너부리? 그런데 사실 라면 봉지의 그림이나 만화 영화에 나오는 캐릭터는 너구리가 아니야. 둘 다 꼬리에 줄무늬가 있거든. 우리가 너구리라 생각했던 동물은 북미 지역에 사는 라쿤이었어.

너구리 꼬리에는 줄무늬가 없어. 너구리라고 알고 있었던 놀이동

산 마스코트의 꼬리에도 줄무늬가 있어. 역시 라쿤이야. 너구리의 영어 이름이 '라쿤독(raccoon dog)'이야. '라쿤을 닮은 개'라는 뜻이지. 헷갈릴 만해.

눈 주위의 검은 털 때문에 둘이 닮아 보이기는 하지만, 너구리는 개과이고, 라쿤은 아메리카너구리과로 꽤 다른 동물이야. 라쿤의 발은 물건을 움켜쥘 수 있어서 높은 나무나 굴뚝도 잘 타고 오르지만, 너구리는 개라서 가끔 나무 열매를 먹으려고 나무를 오르기는 해도 나무를 능숙하게 타지는 못해.

● 가리는 음식 없이 뭐든지 잘 먹어

의뭉스러운 사람을 가리켜 너구리 같다고 하는 경우가 많아. 겉으로는 어수룩해 보이지만 속으로는 엉큼한 생각을 한다는 거야. 엉큼하다는 건 인간의 편견이 들어간 오해일 수 있지만, 겉모습이나 행동이 다른 육식 동물에 비해 어수룩해 보이는 건 사실이야. 이런 모습은 아마도 너구리의 생활과 관련이 있을 거야.

족제비나 삵 같은 포식자에 비하면 먹이를 잡는 모습이 어딘지 어설퍼 보여. 그래도 송곳니를 가진 야생 동물이야. 물새나 참새, 꿩을 잡아먹기도 해. 쥐나 두더지도 빼놓을 수 없겠지? 곤충이나 거미도 즐겨먹어. 야생동물구조센터에 있는 너구리에게 거미 중에 제법 큰 편인 호랑거미를 잡아다 주면 주저 없이 잘 먹어. 찹찹 소리까지 내면서 말이지.

너구리의 다양한 먹이

너구리는 정말 다양한 먹이를 먹어. 식물의 알뿌리, 벼나 수수 같은 곡식의 이삭도 먹어. 논 가까이에 사는 너구리 똥 흔적을 보면 벼 이삭이 나오곤 해. 봄이면 알을 낳으러 나온 개구리도 즐겨먹고 참게와 같은 갑각류도 먹고, 버섯도 먹고, 여름철 물이 불어났다가 줄어들며 생긴 웅덩이에 갇힌 물고기도 잡아먹어. 교통사고로 죽은 고라니 사체도 마다하지 않지.

심지어는 똥에서 은행 씨앗이 발견되기도 해. 썩는 냄새를 풍겨서 아무도 먹지 않을 것 같은 은행나무의 노란 과육을 먹고 은행 씨앗만 배설한 거야. 하지만 즐겨먹는 건 아닌 것 같아.

사람이 남긴 음식쓰레기 역시 마다하지 않아. 그래서 사람이 반찬으로 먹고 버린 조기의 뼈나 비닐이 섞여 있는 똥도 쉽게 볼 수 있어.

한 마디로 요약하면, 너구리는 기회만 있으면 무엇이든 잘 먹는 대식가야. 우리나라 네발 동물 중 가장 유능한 청소부 동물이라고 할 수 있지. 도시에서 살아남을 수 있는 까닭이기도 해.

● 너구리 화장실은 소식통

도시에 사는 너구리 또한 야생 동물이야. 농촌의 마을과 가까운 지역뿐만 아니라 도시의 고궁과 공원까지 다양한 서식지에 적응했지만, 사는 모습을 보려면 운이 좋아야 해. 관심을 갖지 않으면 눈에 띄지 않거든.

너구리가 남기는 흔적의 특성을 알면 많은 이야기를 읽어낼 수 있어. 너구리는 화장실을 만드는 습성이 있어. '너구리 분장'이라 부르는 화장실은 보통 사람이 다니는 길에서 약간 벗어난 평평한 풀숲 바닥이나, 사람이 자주 다니지 않는 길 주변에서 볼 수 있지.

너구리 화장실은 그 지역에 사는 너구리들이 계속 이용하기 때문에 최근에 눈 까만 똥부터 눈 지 오래되어 하얗게 마른 똥까지 많은 똥이 쌓여 있어. 너구리에게 이런 분장은 소통의 장이기도 해. 그 지역에 사는 다른 너구리의 냄새를 맡으며, 따끈한 최신 소식을 접하는 거야. 외부 침입자가 있는지 없는지 정보를 얻기 위해 종종 분장을 들른대.

간혹 너구리 분장이 아닌 곳에서 똥을 볼 수도 있는데, 얼핏 보아서는 누구의 똥인지 아리송할 때가 있어. 보통 너구리 똥은 둥근 덩

너구리 분장(공동 화장실)

어리가 길게 이어진 모양인데, 한 번은 끝이 뾰족하고 기다란 똥을 본 거야. 크기로 보아 족제비 똥도 아니고 누구 똥일지 궁금했는데, 스무 발자국인가를 더 걸으니 카스텔라 빵 봉지가 있더라고. 혹시나 하고 똥을 물에 풀었더니 글쎄, 카스텔라 바닥에 붙어 있는 유산지가 보이지 뭐야. 너구리가 사람이 버린 빵을 먹은 거였어.

보통 야생 동물은 똑같은 주식을 먹기 때문에 똥의 모양이 일정한 경우가 많아. 겨울철 나무껍질을 주로 먹는 멧토끼 똥이 둥글넓적한 것처럼 말이지. 하지만 너구리처럼 인간이 먹는 거의 모든 음식을 다 먹는 동물의 똥은 모양이 일정하지 않아서, 주변의 단서를 좀 더 살펴봐야 하는 경우가 많지.

겨울에 천수만의 광활한 논바닥을 뛰는 너구리 두 마리를 본 적이 있어. 이미 추수를 끝내서 몸을 가려주는 풀숲이 없는데도, 너구리들이 내가 타고 있는 자동차를 향해 저 멀리서 신나게 뛰어오더라고. 그랬다가 50미터쯤 다가와서 이상하다 싶었는지 뒤돌아서 또 뛰어가지 뭐야. 너구리는 일부일처제를 지키는 동물이래. 연구에 따르면 가을에 짝을 이룬 암컷과 수컷은 4계절 내내 가깝게 붙어 다닌다고 해.

이렇게 정다운 한 쌍이니까 아마도 새끼를 키울 때도 수컷의 기여도가 높을 것 같지? 유럽과 중앙아시아에서 모피를 찾는 사람이 많아지자 너구리를 수입한 적이 있어. 그 당시 유럽에서 새끼를 밴 암컷 너구리만 야생에 풀어줬을 때에는 거의 정착하지 못했는데, 짝을 지어 풀어 준 경우에는 잘 정착해서 수가 불어났다고 해. 생태계를 교란하는 생물이라며 잡아들일 정도로 말이야. 이를 보면 분명히 수컷 너구리가 알뜰하게 새끼들을 챙기는 것 같아.

● 새끼 곰을 발견했어요?

봄이나 초여름이 오면 새끼 곰을 발견했다는 소식이 들릴 때가 있어. 확인해 보면 새끼 곰이라고 했던 동물의 정체는 바로 새끼 너구리야. 태어난 지 얼마 안 된 새끼 너구리를 보면, 낑낑거리고 자기들끼리 웅크리는 게 딱 강아지 같은데 왜 곰으로 오해한 걸까? 아마도 새끼 너구리는 진한 밤색을 띠고 새끼 곰처럼 주둥이가 짧아서 오해받는 것 같아.

곰이 자주 출몰하는 일본 동북 지역에서도 새끼 너구리를 곰으로 잘못 보고 큰 소란이 일어났다는 신문 기사를 본 적이 있었어. 사람 보는 눈이 비슷한가 봐. 우리나라에서 곰은 지리산과 수도산, 북한과 접경인 민통선 일대에서만 살아. 그러니 다른 지역에서 새끼 곰이 발견될 일은 거의 없겠지?

너구리는 곰과 비슷하게 겨울잠을 잔다고 알려져 있어. 개과 동물 중에서는 유일한 경우야. 너구리는 가을이 오면 겨울을 대비해서 많이 먹어. 특히 도토리나 밤 등 열량이 많은 가을 열매를 즐겨먹으며 지방을 늘리지. 많이 먹어 두지 못하면 겨울잠을 못 잔다고 해.

우리나라의 너구리는 겨울에도 활동하는 모습이 종종 보여. 가을에 충분히 먹지 못한 걸까? 아니면 우리나라의 추위가 겨울잠을 잘

겨울잠 잘 준비를 하는 너구리

정도는 아니어서 추운 날에만 굴에서 휴식하는 정도로 만족하는 건지도 몰라. 너구리는 다른 동물이 판 굴을 이용하거나 스스로 굴을 파서 집으로 쓰기도 하지.

어서 너구리를 보러 가고 싶다고? 도시의 어딜 가야 너구리를 보기 쉬울까? 앞서 말했던 너구리의 수많은 먹잇감이 살고 있는 곳이 어딜지 생각해 봐. 아마도 하천 주변에 수풀이 많은 곳이 가장 살기에 좋겠지? 서울 양재천이 그런 곳이야. 월드컵 공원처럼 습지가 가깝고 수풀이 있는 곳에서도 너구리 분장을 발견할 수 있어.

동물과 함께 생각해

놀이와 패션을 위해
동물에게 고통을 주어도 괜찮을까?

요즘 트렌드인 동물 카페에 놀러가서 귀여운 라쿤과 놀고 싶다고? 최근 늘어나고 있는 '라쿤 카페'처럼 야생 동물이 있는 '유사 동물원'이 도시에 늘어나고 있어. 라쿤 같은 야생 동물은 여러 방문객과 접촉하고 시선을 받으면 스트레스를 많이 받아.

고양이 카페에서 여러 손님의 시선과 손길을 받는 고양이들도 엄청난 스트레스에 시달린다고 하니, 야생 동물은 더하겠지? 실내 동물원에서 갇혀 살면서 스트레스를 받은 라쿤이 사람이나 다른 동물을 공격하는 경우도 많아.

라쿤이나 너구리는 개와 사이가 나빠서 물어 죽이는 경우도 흔한 편이야. 그런데도 이런 사실을 모르고 덩치가 큰 개와 라쿤을 같이 키우는 경우도 많아. 동물들이 얼마나 스트레스를 받을지 상상이 가지?

개, 기니피그, 라쿤 등 동물 카페에 갇혀 있는 동물들이야.
스트레스를 받은 야생 동물은 병에 걸릴 가능성이 높아.
때로는 높은 공격성을 보여. 만지면 사람도 물릴 수 있어.

지금은 라쿤이 인기를 끌고 있지만, 유행은 금방 지나가지. 동물 카페가 문을 닫는다면, 키우던 야생 동물은 어떻게 될까? 일본의 경우, 사람이 키우던 라쿤이 자연에 버려져서 생태계를 교란시키는 동물이 되기도 했어. '동물 카페'나 '실내 동물원'이라는 이름으로 도시에 생기고 있는 '유사 동물원'에 대한 대책이 시급해! 야생 동물을 만나는 가장 좋은 방법은 야생에서 만나는 거야.

겨울 외투의 목깃이나 후드에 달린 털이 어디서 왔는지 생각해 본 적 있니? 흔히 라쿤 털로 알려져 있는데, 대부분 너구리 털이었어. 동물보호단체에서 나온 사진을 보니, 눈 주위와 다리와 꼬리 끝이 까맣고, 몸을 덮은 털의 대부분이 털뿌리와 끝만 까만 황갈색의 털이 나 있는 게 딱 너구리더라고.

이런 너구리 털가죽은 대부분 공장식 모피 농장에서 생산하고 있어. 공장식 모피 농장이란 효율만을 따져서 좁은 공간에 야생 동물을 가두어 키우고, 마치 공장의 기계처럼 동물을 다루며 모피를 만들어 내는 곳이야.

이곳의 동물은 좁은 공간에서 스트레스를 받아 자해를 하거나 함께 있는 다른 동물을 공격하는 이상 행동을 보여. 모피를 얻기 위해 동물을 죽일 때도 고통을 고려하지 않아. 부드럽고 질 좋은 모피를 얻기 위해서 몸이 굳기 전에 산 채로 가죽을 벗긴다고 해. 가죽을 잃은 너구리는 고통스럽게 죽어가지. 모피를 얻으려고 키우는 은여우나 밍크도 사정이 비슷해. 겨울철 패딩에 채워 넣는 따듯한 털 때문에, 1년에 3번에서 4번까지 산 채로 털을 뽑히는 오리와 거위도 있어. 이렇게 인간의 옷을 만들기 위해 죽거나 고통을 받는 동물이 많아.

우리의 패션을 위해 동물에게 이렇게 고통을 주어도 괜찮을까? 눈요깃거리로 동물을 가두어 놓는 카페가 계속 늘어나도 괜찮을까?

④ 고라니

국제적 멸종 위기종인 천덕꾸러기

고라니가 아파트 단지에서 자주 발견되고 있어. 아파트의 철제 울타리에 끼었다가 구조되거나, 사람들을 보고 놀라 이곳저곳으로 뛰어다니는 모습이 발견되기도 해. 고라니는 우리나라에서 몇 종 남지 않은 사슴과 동물이야. 그런 동물이 왜 도시에 들어오는 걸까? 온통 콘크리트로 덮여서 주로 풀과 나뭇잎을 먹는 초식 동물에게 먹을거리도 변변찮은 곳에 말이야.

고라니의 영어 이름은 '워터디어(Water Deer)'야. 고라니는 우리나라 전역과 중국 일부 지역에 살고 있는데, 서양의 학자가 중국에서 고라니를 발견했을 때 습지의 물가에서 노닐고 있어서 '물사슴'이라는 뜻으로 이름을 지었다고 해. 고라니는 하천 주변의 습지에 잘 적응한 동물이야. 주된 서식지가 습지인 만큼 수영에도 능숙하지.

● 우리가 잘 몰랐던 의외의 모습

예전에 속초에서 약 300미터 정도 떨어진 한 무인도에서 고라니가 발견된 적이 있었어. 육지에서 보이는 거친 바위섬이었는데, 풀이나 나무가 나 있는 면적이 작은 학교 운동장 정도에 불과했어. 먹을거리가 적은 곳에서 고라니가 어찌 살지 사람들은 걱정했지. 그래서 구조대가 배를 타고 섬에 들어갔는데, 글쎄 고라니가 바다에 뛰어들어 헤엄쳐 도망가는 거야! 구조대 중 누구도 고라니가 그렇게 수영을 잘한다는 사실을 알지 못했던 거지.

도심 한가운데 있는 아파트에 나타난 고라니들도 하천 공원을 따라서 이동했을 거야. 야생 동물이 흔히 그렇듯이 사람을 피해 새벽에 이동했겠지. 중간에 길을 헤매면서 도심으로 들어왔다가, 여러 사람과 자동차를 만나 당황한 나머지 여기저기 뛰어다니다 보니 사람들 눈에 띄게 된 거였어.

먼 과거인 빙하기에 고라니는 거대한 하천이 여럿 흐르는 넓은 습

헤엄쳐서 강을 건너는 고라니

지에 살았어. 연구에 따르면, 빙하기에는 지금 우리나라 서해가 육지였어. 빙하기는 빙하(얼음)가 발달하는 시대야. 눈이 쌓이고 쌓이면 무게가 상당하기 때문에 천천히 아래로 내려가면서 주변의 산을 깎으며 빙하가 되지. 기후가 따뜻했을 때에는 물이 빠르게 흘러서 바다로 흘러들어 갔을 텐데, 빙하기에는 많은 물이 고체인 얼음의 형태로 육지에 머무르게 돼. 그러면 바닷물의 높이가 낮아지겠지?

그렇게 생겨났던 육지는 어떤 모습이었을까? 우리나라의 압록강, 한강 등 여러 강과 중국의 황허강과 여러 하천이 모여 거대한 강과 습지를 만들었어. 습지를 좋아하는 고라니에게는 천혜의 환경이었을 거야. 이렇게 넓은 영역의 하천 주변에 서식하던 고라니였는데, 빙하기가 끝나고 다시 서해 바닷물이 차오르면서 지금의 중국 쪽에 사는 고라니와 우리나라에 사는 고라니로 나뉘었다고 해.

● 우리나라와 중국에만 사는 송곳니 사슴

중국에 사는 고라니는 멸종 위기에 처해서 보호를 받는 동물이야. 서식지 파괴로 고라니 수가 급격히 줄어들어서 일부 지역에만 살고 있어. 국제자연보전연맹(IUCN)은 고라니가 처한 상황을 멸종 위기인 '취약' 단계로 분류하고 있어. 중국은 정부 차원에서 고라니 복원 사업을 진행하고, 고라니를 생태 관광 대상종으로 지정하는 등의 노력을 하고 있지.

고라니는 사슴과에 속해. 사슴은 뿔이 있지만 고라니는 없어. 크기가 비슷한 노루와 비교해 볼까? 노루는 주로 산악 지대에만 머물기 때문에 도시에서 볼 일은 없는데, 도시에서 고라니를 본 사람들은 노루라고 착각하는 경우가 많지.

수컷 노루는 끝이 세 갈래로 나뉘는 삼지창 형태의 작은 뿔이 있어. 노루는 왜 뿔이 있을까? 천적을 혼내 주기 위해서라고? 포식자를

노루 수컷

고라니 수컷

쫓아내는 유용한 무기라면 암노루에게도 뿔이 있으면 좋을 텐데 수컷에게만 있어. 그래서 학자들은 사슴류의 뿔이 짝짓기에 이점이 있다고 설명해. 크고 아름다운 뿔을 가진 수컷이라면 암컷의 호감을 사기 쉽다는 거야. 자신의 영역을 침입하는 수컷과 겨룰 때 무기로 쓰기도 해. 그리고 뿔의 아랫부분에 난 오톨도톨한 돌기를 나무에 비벼서 영역 표시를 하기도 하지.

수컷 고라니에게 뿔은 없지만 7센티미터에 달하는 커다란 송곳니가 있어. 뿔에 비해서 시시하다고? 고라니의 송곳니가 굽어 있는 안쪽을 만져보면 생각보다 날카로워서 놀랄걸? 이 송곳니가 누군가의 가죽에 꽂힌다면 칼처럼 쭉 베일지도 몰라!

고라니는 영역을 침범한 다른 고라니와 싸울 때 이 송곳니를 쓴다고 해. 싸우다가 송곳니가 부러지는 경우도 있다니 꽤 격렬한 싸움일 거야. 노루가 머리를 숙여 뿔로 나무를 긁어 영역 표시를 하듯이, 고라니는 머리를 들고 송곳니로 나무를 긁어 영역을 표시해.

고라니의 송곳니에 대해서 연구자들은 흥미로운 이야기를 하고 있어. 사슴 무리의 진화 과정에서 뿔보다 송곳니가 더 먼저 나타났다는 거야. 고라니는 처음부터 뿔이 없었을지도 몰라. 또는 송곳니와 뿔을 둘 다 가지고 있었다가 뿔이 퇴화한 것으로 추정할 수 있어.

● 어쩌면 침입자는 사람일지도 몰라

중국과 달리 우리나라에서는 고라니가 매우 흔한 동물이야. 지금도 전국 곳곳의 도로에서는 수많은 고라니가 차에 치여서 죽어가고 있어. 5년 동안 고라니와 부딪힌 교통사고로 신고된 것만 해도 1만 건이 넘는대. 최근 연구자들의 조사에 따르면 차에 치여 죽는 고라니가 한 해에 6만 마리가 넘는 것으로 추산되는데도 고라니가 줄어드는 징조는 아직 없거든.

세계적으로는 멸종 위기인 동물이 우리나라에 많다면 반길 만도 한데, 흔하다고 고라니를 천시하는 풍조가 생겼어. 농작물을 먹는 천덕꾸러기 취급도 모자라서, 일부 몰지각한 사람들의 행태에 고라니의 이름을 쓰기 시작한 거야. 자전거를 위험하게 타는 일부 사람들을 '자라니'라고 부르는 것처럼 말이야. 고라니처럼 도로에 갑자기 튀어나온다고 그렇게 부른대.

고라니가 흔하지 않았던 옛날에는 이렇게까지 이미지가 나쁘지 않았어. 1960년대 신문만 봐도 창경원(전 서울대공원)에서 키우던 고라니가 순산했다는 기사가 나와. 귀한 야생 동물이라 생각해서 이런 기사를 냈겠지? 고라니가 드물어서 정보가 적었는지, 높은 산 험한 고개에 사는 동물로 여긴 기록도 있고, 1980년대에도 농촌 주민들이 버스에 치여 쓰러진 고라니를 다른 동물로 오인했다는 기록도 있어.

흔한 것을 가볍게 보는 게 한편 당연하겠지만, 많은 고라니도 우리 곁에서 쉽게 사라질 수 있어. 최근 연구 결과에 따르면, 수가 적은 중국 고라니보다 우리 고라니의 유전자 다양성이 낮다는 거야. 거의 열 배가 낮다고 해. 과거에 고라니 수가 심각하게 줄어든 적이 있었던 결과로 추정되고 있어.

유전적 다양성이 낮은 게 뭐가 문제냐고? 유전자가 다양해야 질병 같은 환경 변화에 쉽게 대응할 수 있어. 다시 말해, 무서운 질병이 돌면 우리나라의 고라니는 멸종 위기까지 수가 줄어들 수 있다는 거야. 흔해 보여서 길거리에서 차에 치어 죽든, 농작물을 해친다고 많이 잡아 없애든 신경 쓰는 사람이 별로 없지만, 사실은 미래가 불안한 야생 동물인 거지.

사람들이 나쁘게 보는 시선을 알면 고라니가 억울해 할 점이 적지 않아. 도로에 막 튀어 나온다고 나쁘게 보는 것만 해도 그래. 고라니가 일부러 도로로 나오는 걸까? 사실 우리나라 도로망은 거미줄처럼 복잡하고도 촘촘히 뻗어 있어. 우리 땅 총 넓이와 도로의 길이를 평균 내어 따져 보면 고라니가 100미터를 뛰면 도로 하나를 만날 정도라고 해. 뒤집어 생각하면, 우리가 허락 없이 고라니가 살던 땅에 아주 많은 도로를 냈던 거야.

고라니가 하천과 산의 경계 지역에 있는 풀숲을 좋아한다고 했지? 그런 지역은 사람이 마을을 이루고 집을 짓고 살기에도 좋은 곳이야. 물가는 사람이 살기에는 불편했던 곳이지만, 지금은 건축 기술이 발달해서 대규모 아파트가 들어서기도 하지. 게다가 예전 같으면 여름마다 빗물 때문에 잠길 땅이 지금은 강을 댐으로 막고 하천변에 제방을 쌓아서 사람들이 강을 즐기기에 좋은 장소가 되었어. 고라니가 아파트 단지에 침입한 게 아니라, 우리가 고라니가 사는 땅에 들어가 도시를 만든 게 아닐까?

동물과 함께 생각해

새끼 동물을 발견했다면?

"새끼 고라니를 발견했어요!"

산책을 하다가 새끼 고라니를 발견했는데 어미가 보이지 않는다며 새끼를 어떻게 구조해야 하는지 문의 받은 적이 있어. 이런 상황에서 어떻게 해야 좋을까?

어미 고라니를 보지 못한 이유는 간단해. 왜냐하면 사람이 거기 있었기 때문이야. 무슨 말이냐고? 야생 동물은 사람을 무서워해서 사람이 새끼를 데리고 있으면 가까이 접근하지 않아. 그리고 젖먹이 동물은 대개 어미가 새끼 곁에 항상 붙어서 돌보기보다는 새끼를 풀숲이나 굴 같은 곳에 숨겨 두고 활동하다가 새끼에게 들러 젖을 주고 돌보는 습성이 있어. 어미가 멀쩡히 살아있는데 구조한답시고 새끼를 데려가면 그건 구조가 아니라 납치겠지?

모든 동물이 그렇겠지만, 새끼는 몹시 귀여워. 새끼 고라니만 해도 진한 밤색 털에 흰 점이 있어서 마치 애니메이션 주인공인 밤비가 만화를 찢고 나온 듯 귀엽

구조된 새끼 고라니야. 덩치는 작지만 뒷발질에 채이면 다칠 수 있어.
구조자가 다치는 일은 없어야겠지.

지. 하지만 그 귀여움에 홀려서 새끼를 데려온다면 구조가 아닌 납치야! 아무 문제없이 살아갈 동물의 앞날을 망칠 수 있다는 걸 기억하자.

반복하지만, 사람이 어미보다 새끼 동물을 더 잘 키우는 건 불가능해. 야생동물구조센터에서 새끼 삵을 보아도 그랬어. 처음에 구조된 새끼는 눈도 못 뜬 상태였어. 하루에 다섯 번씩 분유를 먹이고, 따듯한 물에 적신 솜으로 항문 주위를 두드려 배변 유도도 하고, 정성 들여 돌봤지.

2주 후에 물이 불어난 수로에 빠져서 농부가 건져낸 또 다른 새끼 삵을 데려왔는데, 어휴, 어찌나 사나운지 데려오는 내내 진땀을 뺐지 뭐야. 우리를 쉽게 탈출해서 센터에서 보호하던 맹금류를 해치기까지 했어! 말하자면, 사냥을 할 줄 안다는 거지.

분유를 먹여가며 돌봤던 새끼 삵과 덩치는 비슷했는데 왜 이리 차이가 나는 걸까? 고작 2~3주 더 어미를 보고 자랐을 뿐인데도 그 차이가 무척 컸어. 야생 동물의 새끼를 제 몫을 해내는 어엿한 동물로 키워 내려면, 잘 먹이고 잘 재우는 게 전부가 아닌 거야.

그래도 새끼가 너무 걱정된다고? 어미가 새끼를 돌보지 않거나 정말 없는 상황이라면 새끼를 구조해도 좋아. 그런 상황인지 어떻게 아느냐고? 최대한 멀리 거리를 두고 어미가 새끼를 데려가는지 한동안 지켜보는 수밖에. 야생 동물은 사람을 꺼리기 때문에, 원래 발견한 곳에 놓아두고 멀리 떠난 뒤, 3~4시간 간격으로 돌아와서 그 자리에 그대로 있는지를 확인하는 것도 좋은 방법이야.

어미가 있더라도 건강상의 문제가 있거나, 제대로 돌볼 수 없는 환경이라면 구조하면 좋겠어. 새끼가 왠지 삐쩍 말라 있거나, 항문에 설사의 흔적이 있거나, 심각한 피부병이 있는 경우가 그런 경우지. 그리고 새끼를 직접 키우기보다는 가까운 야생동물구조센터에 보내주는 게 좋아. 아무래도 야생 동물이기 때문에 일반 가정에서 그 동물에 맞는 환경을 만들어 주는 건 매우 어려워.

새끼를 구조하면 적당한 크기의 종이 상자나 애견용 플라스틱 이동장에 임시로 보호하는 게 좋겠어. 따듯한 담요 같은 것을 밑에 깔아서 말이지. 새끼는 털이 어미만 못하기 때문에 물에 젖지 않게 해야 해. 물에 사는 새끼 수달을 구조했다고 물을 담은 대야에 보호했다가 저체온증으로 죽은 사례가 있었거든.

그래도 너무 키우고 싶다고? 새끼 동물 때문에 사람이 다치거나 질병이 옮을 수도 있다는 점을 놓치지 않길 바라. 그 귀여운 새끼가 어떻게 나를 다치게 할 수 있냐고? 어휴, 말도 마. 작고 귀여운 새끼 고라니여도 수시로 발길질을 해. 한번 채이면 피멍이 든다고. 육식 동물이라면 설명이 더 필요 없겠지?

구조된 새끼 수달이야. 물에 살지만 차가운 물에 두면 저체온증으로 위험해질 수 있으니 보드라운 천을 깔아주었어.

⑤ 산양

서울에 돌아온 암벽 생활자

산양을 만나러 산에 오른 적이 있었어. V 자로 깎인 계곡은 한눈에 보기에도 경사가 가팔라 보였지. 경사면에 자란 나무와 바위를 붙잡아가며 힘들게 산을 올랐어. 보통 산을 오르며 가장 쉽게 이동하는 방법은 능선이라 부르는 산마루 길을 타는 거야. 하지만 능선을 타는 것도 바윗길이 많아 쉽지만은 않더라고.

능선을 한참 타다가 잠시 옆길을 따라 내려갔지. 경사가 심한 길을 조심조심 내려가니 비스듬히 앞으로 기운 바위 아래로, 사람 두 명이 겨우 누울 만한 턱에 산양의 똥이 쌓여 있었어. 처음 본 산양 똥이 신기해서 한참 쭈그려 앉아 들여다보다가 문득 아래의 풍경이 눈에 들어왔어. 다리가 후들거렸지. 산 아래 거칠게 흐르는 계곡물과 건너편 산턱까지 한눈에 들어오면서 현기증이 나더라고. 매우 높은 곳이었어.

산양은 우리나라에서 가장 전망 좋은 화장실을 쓰는 동물일 거야. 정말이지 아찔하게 전망 좋은 화장실이었어.

● 험준한 바위 지대가 산양의 안락한 삶터

산양의 화장실도 너구리 분장처럼 소통의 장소야. 같은 지역에 사는 산양이 공동으로 쓰는 화장실이 정해져 있어서, 그런 화장실에는 오래된 똥부터 최근에 눈 똥까지 수북이 쌓여 있어. 물론 너구리 똥처럼 냄새가 많이 나진 않아. 산양은 주로 풀과 나뭇잎 등을 먹기 때문에 똥을 손에 한 움큼 쥐고 냄새를 맡아도 구수할 뿐이야. 누군가는 향기롭다고도 해. 곤충이 꼬이지 않는 겨울에는 이런 화장실 자리에 누워서 산양들은 잠을 자기도 하지. 겨울철 산양 화장실의 똥을 만져 보면, 왠지 산양의 온기가 느껴지는 것 같아.

그런데 산양은 왜 이런 험한 곳에 사는 걸까? 바위가 많은 험준한 산에서 산양은 안정감을 느끼는 것 같아. 잠시만 서 있어도 현기증이

산양이 사는 곳

나는 가파른 곳에서 무슨 안정감이냐고? 산양은 사람과 맞닥뜨리면 일단 험한 바위 지대를 올라서 숲으로 도망가는 습성이 있어. 산에 익숙한 사람이라도 통과하는 데 한참이 걸릴 곳도 산양이라면 잠깐 사이에 뛰어서 갈 수 있어. 자유자재로 벌렸다 오므렸다 하는 유연한 발굽 덕분이야. 하늘을 난다면 모를까, 바위틈을 산양처럼 빨리 달릴 동물은 없을 거야.

산양은 우리나라에 700여 마리만 살고 있을 정도로 멸종 위기에 처한 동물이야. 하지만 다른 멸종 위기 동물에 견주어 잘 알려지지 않았어. 사람들은 염소를 산양이라고 부르는 경우가 흔해. 산양을 검색해 보면 흰 염소에게서 짜낸 산양유 광고부터 뜨고, 목장에서 탈출하거나 방목하는 흑염소가 산에 사는 걸 보고 사람들은 산양을 보았다며 놀라지.

산양은 염소와는 전혀 다른 동물이야. 겉모습만 봐도 쉽게 구별할 수 있어. 산양은 암수 모두 뿔이 있고, 흰색 털이 덥수룩한 긴 꼬리가 있어. 염소와 산양은 생물학적으로도 매우 거리가 먼 동물이야.

우리나라에는 고기를 얻는 검은 염소와 젖을 얻는 흰 염소가 있어. 그중 주로 젖을 얻으려고 키우는 흰 염소를 '유산양'이라고 부르고 그 젖을 '산양유'라고 하다 보니 야생 산양과 헷갈리게 되었어. 왜 염소에게 산양 이름을 붙이게 된 걸까? 아무래도 산양이 염소보다 더 청정한 곳에 살고 귀하게 느껴져서 그랬던 것 같아.

● 암벽 생활자의 지속 가능한 식탁

험한 산이 산양에게 안정감을 준다고 해도 비옥한 습지나 풀밭, 산의 경계 지역처럼 먹을거리가 많지는 않을 거야. 게다가 산양은 비교적 작은 영역을 잘 떠나지 않는 습성이 있어. 이 암벽 생활자들은 어떻게 척박하고 좁은 곳에서 만족하며 살 수 있는 걸까?

늦봄부터 여름까지 녹색 식물이 온 산에 넘쳐나는 시기에는 걱정이 없어. 다양한 풀 중에서도 질 좋은 부분만 골라서 마음껏 먹을 수 있지. 경쟁하는 동물도 별로 없어. 먹을거리가 풍족한 시기여서 어미 산양이 새끼를 낳아 키우는 계절이기도 해. 가을부터 이른 봄까지는

산양의 먹이

달래

도토리

마른 풀

떨기나무의 푸른 잎

어떡하냐고? 녹색 식물이 적은 시기이지만, 산양은 현명하게 살아가.

이른 봄부터 살펴볼까? 봄이 오면 푸른 싹이 드러나기 시작해. 산양은 마른 식물도 먹지만 이른 봄부터 움트는 식물의 싹을 뜯어 먹어. 그중에서도 특히 좋아하는 식물이 달래라고 해. 달래는 돌이 많은 지형에서 잘 자랄 뿐더러 영양이 많아. 삼촌도 참 좋아하는데. 달콤 쌉싸름한 달래 나물을 듬뿍 넣은 비빔밥이 생각나는걸? 어쩐지 입맛이 나랑 비슷한 것 같아.

가을이 되면 푸른 식물뿐만 아니라 마른 식물도 먹어야 살 수 있어. 도토리가 많이 열리면 도토리가 주식이 되기도 해. 가을이 깊어지면 땅에 쓰러진 풀줄기와 잎을 먼저 먹어. 눈이 내려 덮이면 먹지 못할 식물부터 먼저 먹어 두는 거야. 그다음으로 서 있는 식물을 먹어. 이때 뿌리는 건드리지 않고 연한 풀을 먼저 먹지. 작은 영역에서도 가능한 식물을 계속 먹을 수 있도록 하려는 지혜로운 습성이야. 요즘 유행하는 말로는 지속 가능성이 있는 방법이랄까? 떨기나무조차 뿌리째 먹어치워서 주변을 황폐화하는 염소와는 달라.

겨울은 산양에게 힘겨운 계절이야. 눈이 조금만 두껍게 쌓여도 먹이를 찾기 힘들거든. 눈이 오기 시작하면 눈이 식물을 덮기 전에 윗부분부터 먼저 먹어. 낙엽도 먹긴 하지만, 폭설이 오면 먹이를 구하기가 어려워져. 그럴 때면 평소보다 꽤 먼 거리를 이동해. 산 아래로 내려오기도 하지. 1964년도 기록적인 폭설이 왔던 겨울에 울진, 삼척 지역에서 주민들에게 약 3천 마리의 산양이 잡혔다는 기록이 있어.

● 끊어진 산줄기, 고립된 산양

50여 년 전에 울진, 삼척에서 잡힌 산양이 3천 마리였는데, 현재는 고작 700여 마리가 남았다고 추정하고 있어. 요즘도 산양이 사는 강원도의 설악산과 삼척, 경상북도 울진 등지에는 종종 큰 눈이 내려. 오랫동안 폭설이 오는 해에는 산양을 걱정하는 사람들이 산에 먹이를 놓아두거나 탈진한 산양을 구조하기도 해.

눈 내린 겨울 산에서
먹이를 찾아 헤매는 산양

수가 많다면 강한 동물만 살아남는 자연의 법칙에 맡겨도 큰 탈이 없을지도 몰라. 하지만 지금처럼 적은 수만 남아 있는 상황에서는 한 번의 폭설에 우리나라 산양 개체군 전체에 큰 타격이 올지도 몰라서 걱정이야.

예전처럼 야생 동물이 산을 타고 이동하기 어려워진 점도 큰 문제야. 백두산부터 지리산까지 연결된 우리 땅의 큰 산줄기를 백두대간이라고 해. 선조들의 전통적인 지리 사상에서는 산줄기를 타고 국토의 기운이 통한다고 생각했지. 그래서 파헤치거나 허물지 않았어. 동물들도 백두대간을 타고 북쪽부터 남쪽까지 마음껏 이동할 수 있었겠지?

그런데 지금은 산에서조차 야생 동물이 쉽게 지날 수 없는 장애물이 많아. 우선 휴전선이 철책으로 차단되어 있어서, 북한에 사는 산양은 남한의 산양과 만날 수 없어. 게다가 백두대간을 넘는 도로가 60여 곳에 달해. 백두대간에서 서쪽으로 뻗는 자잘한 산줄기들 또한 넓은 고속도로로 차단되어 있으니 더 말할 것도 없지.

산양이 비교적 작은 영역 안에 머무르는 성격이긴 하지만, 나이가 차서 자기 영역을 찾는 수컷이나 무리에서 밀려난 산양이 새 영역을 찾기 위해 먼 거리를 이동하는 경우가 있어. 이런 산양은 산양 무리의 유전적 다양성을 높이는 데 큰 역할을 하게 되지. 그런데 개발과 도로 건설로 산줄기가 조각조각 끊어져 있어서 산양이 고립되면 결국은 가까운 친척끼리 계속 짝짓기를 하게 되어서 유전적 다양성이 낮아질 거야. 유전적 다양성이 낮으면 전염병에 취약해지고 환경 변화에 잘 적응하지 못해.

그런데 전혀 기대하지 않았던 일이 일어났어. 가까운 서울 용마산에서 산양이 발견되었다는 거야!

● 서울에 돌아온 산양

한걸음에 달려가 현장을 둘러보았지. 산양이 발견된 곳은 용마산 폭포공원이라고 부르는 곳이야. 해발 300미터쯤 되는 용마산에는 건축 재료로 쓸 화강암을 캐내던 채석장이 있었어. 방치되었던 곳에 인공 폭포를 만들고 시민을 위한 공원으로 조성한 곳이야. 길을 따라 입구를 들어서서 조금만 걸으면 3면이 암벽으로 둘러싸인 곳이 나오는데, 4개의 작은 봉우리를 따라서 드러난 암반이 꽤 경사가 험했어. 암반 사이에 계단처럼 형성된 턱에는 각종 나무와 풀들이 나 있었지. 산양이 살기에 적당해 보여.

쌍안경으로 훑어보니 인공 폭포가 주변 숲에 적당한 습기를 제공해서인지 산양이 먹을 만한 풀이 제법 많았어. 서울에 이런 곳이 있었구나! 산양은 어떻게 이런 곳을 찾아냈을까?

여기까지 이동해 온 것만 해도 대단해! 지도를 찾아보니 용마산은 산양이 사는 포천의 산과 연결되어 있어. 하지만 다른 산줄기와 마찬가지로 건너기에 꽤 험난해 보이는 고속도로가 산줄기 중간을 가로지르고 있었지.

더 반가운 사실은 이곳에 사는 산양이 두 마리일 가능성이 높다는 거야. 두 마리의 산양을 봤다는 시민이 있었고, 산양 똥 흔적을 봐도

한 마리로 보기 어려운 크기의 똥이 있더라는 거지. 산양 두 마리가 어렵게 도로를 건너 이곳에 정착한 걸까? 어쩌면 어미 산양이 들어와서 새끼를 낳은 건 아닐까? 산양이 용마산에 잘 정착해 살았으면 하는 마음이야.

새끼 산양은 봄이나 초여름 무렵에 태어나. 새끼는 한동안 바위틈이나 풀숲에 숨어서 지내. 가까이에 있어도 어미는 새끼가 보이지 않는 것처럼 행동해. 어미가 풀을 뜯다가 서너 시간 간격으로 새끼 곁으로 다가가 "메에에~" 소리를 내서 오솔길로 불러내.

그제야 새끼는 움직여서 어미를 따라가서 어미가 정한 은신처에서 젖을 먹어. 천적이 새끼를 발견하기 어렵겠지? 용마산에서 관찰된 똥으로 볼 때 최근에 용마산으로 이주했다기보다는 더 오래전부터 있었던 것 같다고 해. 어쩌면 작은 뿔이 난 새끼가 또 살고 있을지도 몰라.

이곳은 사람들을 위한 공간인 만큼, 산양을 방해할 만한 요소가 좀 있어. 인공 폭포 근처에는 암벽 등반하는 곳도 있고 인조 잔디 축구장도 있어서, 많은 시민이 오가는 곳이야. 여름에만 운영하겠지만, 물놀이 시설이 있어서 쩌렁쩌렁 울리도록 방송을 할 때도 있어. 암벽을 따라 흐르는 세 줄기의 인공 폭포에는 밤에 색색의 조명을 비추기도 해. 산양이 이런 환경에 적응해 잘 살 수 있을까? 그나마 다행인 것은 채석장이었던 암벽의 낙석 위험 때문에 산양이 발견되었던 지점에 사람들이 가지 못하도록 통제하고 있다는 거야.

우리나라에는 산양이 살기 좋은 바위투성이의 산이 많아. 우리 산은 대부분 화강암으로 이루어져 있어. 화강암이 많이 드러난 바위 지대는 굴곡이 심하고 식물이 풍부해서 다른 바위보다 산양이 몸을 숨기기에 좋거든.

용마산 산양은 앞으로 어떻게 지내게 될까? 또 다른 어떤 곳에서 우리는 산양을 만나게 될까?

동물과 함께 생각해

도로에서 다친 동물을 만난다면?

운전을 자주 하는 사람들은 찻길에서 죽은 동물을 드물지 않게 보게 되지. 잘못이 누구에게 있든지 한 생명을 다치거나 죽게 만들면 죄책감이 들 수밖에 없어. 가끔은 길을 건너는 야생 동물을 피하려다가 더 큰 교통사고가 나는 경우도 있어. 삼촌도 야생 동물을 구조하러 나가던 길에 꿩 한 마리를 친 적이 있어. 동물을 구하러 가다가 다른 동물을 해치다니, 심정이 복잡했지.

사람들이 편하고 빠르게 이동하려고 도로를 만들고, 도로를 따라 밀려드는 사람에 밀려 동물의 서식지가 훼손되거나 사라졌어. 우리나라는 국토 면적 대비 도로가 가장 많은 나라 중 하나야. 길이만 해도 11만 킬로미터가 넘어. 사람이 많이 사는 곳뿐만 아니라 깊은 산골이나 습지처럼 사람이 자주 가지 않는 곳에도 차로 달리기 좋은 도로가 놓여 있어.

차에 치여 다치거나 죽은 동물은, 흔한 동물이 더 많긴 하지만, 수달이나 산양처럼 멸종 위기에 처한 야생 동물도 있어. 떼를 지어 이동하는 새끼 두꺼비부터 새까지 종류도 다양하지. 이런 동물을 발견한다면 어떻게 하는 게 좋을까?

만약에 야생 동물이 이미 죽었다면, 도로 근처의 땅으로 사체를 옮겨 주면 좋겠어. 흙으로 되돌려 보내는 게 한 생명에 대한 예의이기도 하지만, 다른 운전자가 사체를 피하다가 사고를 낼 수도 있고, 도로의 사체에 모여든 까치나 까마귀 같은 동물이 2차 사고를 당할 수도 있기 때문이야. 2차 사고는 생각보다 많아. 차에 치여 죽은 고라니 사체에 모여든 독수리 세 마리가 트럭에 치여 구조센터에 입원한 적도 있었어!

무엇보다도 중요한 건 구조하는 사람의 안전이야. 누군가를 구하려다가 자신이 다친다면 안타까운 일이겠지? 동물이 살아 있다면 차를 안전하게 세우고 가까운 야생동물구조센터에 신고하면 동물의 종류에 따라 적절하게 안전한 지역으로 옮기는 방법을 알려줄 거야. 동물에 따라 다친 와중에도 사람에 대한 경계심을 풀지 않고 공격할 수 있으니까 동물에게 무작정 다가가지 말아야 해. 만약에 차를 세우기 위험한 고속도로라면 고속도로 순찰대에 연락해서 정확한 지점을 알려주는 게 좋아.

모든 문제는 일이 일어나기 전에 예방하는 게 최선이야. 야생 동물이 도로를 건너지 않고도 도로 건너편으로 갈 수 있다면 어떨까? 충돌 사고가 줄어들겠지? 그래서 최근에는 '생태 통로'라고 부르는 육교형 통로나 도로 아래에 터널형 통로를 많이 만들고 있어. 우리는 세계적으로도 생태 통로가 많은 나라라고 해. 그런데 정작 생태 통로를 이용하는 야생 동물은 적어. 야생 동물의 생태를 반영하지 않고 만든 곳이 많기 때문이야.

예를 들면, 고라니는 건너편이 보이지 않는 긴 터널에는 들어가지 않아. 고라니가 사는 곳이라면 생태 통로를 더 넓게 만들어서 반대편이 보이도록 만들어야 하겠지?

사실 우리 주변에도 관심을 가지고 찾아보면 생태 통로가 있어. 우리 주변의 생태 통로를 누가 이용하는지 모니터링 해 보면 어떨까? 생태 통로가 없더라도 도로를 건너는 야생 동물이 있다면, 어떤 동물이 얼마나 자주 보이는지 친구들끼리 모니터링을 해 봐도 좋겠어. 이런 자료가 쌓이면 해당 도로를 관리하는 기관에 알맞은 생태 통로를 만들도록 요구할 수 있을 거야.

도로 위뿐만 아니라 도로 아래로 만드는 생태 통로가 늘어나고 있어.
그 주변에 살고 있는 동물들의 특성을 이해하고 만들어야 효과가 있을 거야.

❻ 수달

도심 하천에 돌아온 강 생태계 최고 포식자

동물의 왕은 누굴까? 호랑이? 곰? 아프리카 초원의 왕이라면 당연히 사자를 생각할 텐데. 사실 곰 역시 호랑이의 식단에 포함되어 있어. 러시아 연해주의 야생 보호 구역에서는 우리나라에 살았던 호랑이와 같은 종이 사는데, 이곳의 숲에서는 호랑이가 잡아먹은 곰 뼈가 종종 발견되거든.

그러면 우리나라 강에서 야생 동물의 최상위 포식자는 누굴까? 어쩌다 먹이를 구하러 강에 오는 동물 말고, 정말 강과 뗄 수 없는 동물은? 바로 수달이야.

● 수달은 어떤 동물일까?

수달이 물과 친하다는 건 많은 사람이 잘 아는 사실이야. 고려 시대에도 수달 이름이 들려. 한 드라마에서 후백제 왕인 견훤이 "우리 수달이~, 우리 수달이." 하던 '수달 장군'은 본명이 능창인데, 그때 우리나라 바다를 휘젓던 해상전의 달인이었다고 해. 워낙 바다를 자유자재로 누비다 보니 수달 장군이라는 별명이 붙었다나 봐. 잠깐, 수달은 강에 사는 것 아니냐고? 우리나라 서해와 남해에서도 살아. 양식장이나 낚시꾼의 어망에 든 물고기도 잘 꺼내 먹다 보니 사람들에게 널리 알려지게 되었어. 최근에 쓰시마섬과 제주도에서 발견된 수달은 남해안에 살던 수달이 건너간 것으로 추정하고 있어. 다만, 민물에 몸을 씻는 깔끔한 습성이 있어서 민물을 구할 수 없는 섬에서는 잘 살지 않아.

수달은 물고기를 좋아해. 그래서 수달 똥에서는 비릿한 특유의 냄새가 나. 거참, 말로 설명하기는 어렵고, 한 번 냄새를 맡아 보면 알 텐데. 어디서 볼 수 있냐고? 수달이 사는 하천의 바위나 모래 위에서 흔히 볼 수 있어. 모래에서 발견한다면 발자국도 볼 수 있지. 수달은 족제비과 동물이고, 발가락이 5개인 발자국이 찍혀.

도심 강에 나타난 수달

수달 똥은 콘크리트로 만든 다리 아래 수달이 앉을 만한 좁은 공간에서도 볼 수 있어. 수달 똥은 접착성이 강해서 바위나 콘크리트에 찰싹 달라붙어 있는데, 자세히 관찰해 보면 생선 비늘이나 가시가 섞여 있기도 해. 물고기만큼 좋아하는 것 같진 않지만, 개구리나 게와 같은 갑각류를 먹기도 하지.

● 하천 개발로 멸종 위기에 처한 수달

지금이야 우리나라에 수달이 꽤 있다고 알려져 있지만, 1990년대 초까지만 해도 우리나라에 수달이 살고 있을 가능성이 아주 적다고 보았어. 우리보다 먼저 산업화의 길로 들어선 일본의 경우 수달이 멸종되었지.

일본에서는 수달이 1979년 마지막으로 촬영된 이후 발견되지 않았어. 2012년에는 일본 환경성이 일본에서는 수달이 멸종했다고 공식 선언을 하기에 이르렀어. 수달이 멸종한 이유로 분별없는 하천 개발이 꼽히고 있어.

무분별한 하천 개발이 우리나라에서도 똑같이 일어났어. 한강을 예로 들어볼게. 산업화가 시작되며 사람들은 도시로 몰려들었어. 수질 오염의 개념이 없던 시절, 서울 시민들이 쓰고 버린 물은 작은 하천들을 모두 하수구로 만들었지. 한때 한강에서 물을 길어다 먹고, 겨울이면 여름에 쓸 얼음을 잘라다 보관할 정도로 깨끗했지만, 오래된 흑백사진에서나 볼 법한 옛 풍경이 되었어. 오염을 잘 견디는 물고기

다리가 촘촘히 놓이면서 만들어진 단절되고 고립된 강의 생태계

가 아니면 살기 어려워지면서 수달도 한강을 떠났지.

    우리나라는 여름에 비가 집중적으로 내리잖아. 자연 하천은 종종 넘치며 강가를 습지로 만들어. 도시 인구가 증가하며 '무너미땅'이라 부르는 물이 넘치는 이 습한 땅을 정비해서 사람들은 아파트와 높은 빌딩을 지었어. 그리고 여름이면 홍수를 일으키는 한강이 못마땅했지. 그래서 강을 옥죄어 함부로 움직이지 말라고 많은 댐을 세웠어.

서울에서 한강을 조금만 거슬러 오르면 팔당댐이 있지. 수달이 돌아와도 팔당댐 상류에 사는 수달은 한강 하류에 사는 수달을 만나기 어려워졌어.

● 도시를 계속 넓혀야 할까?

더구나 당시 한국을 이끌던 정치인들은 한강이 서구의 도심 하천처럼 되기를 원했어. 자연 하천이 못마땅했던 거야. 그래서 그들은 서울을 가로지르는 한강의 양 옆구리를 콘크리트로 덮고, 물 흐름을 방해한다는 핑계로 몇몇 섬을 폭파시켜서 없앴어. 생명의 서식처였던 모래와 자갈은 한강을 에워쌀 도로와 건물을 만들 골재로 쓰이기 위해 실려 나갔어. 수달과 뭇 생명들의 편안한 서식처가 사라졌지.

게다가 강에 커다란 유람선이 떠다니게 하려고, 수중보를 만들어 한강 물을 가뒀어. 바다와 강을 자연스럽게 오가던 물고기들이 힘겹게 수중보를 넘어야 했지. 그나마 한강 하구가 북한과 맞닿는 곳이라 하굿둑으로 완전히 막

계속 넓혀가고 있는 사람들의 도시,
점점 좁아지고 있는 동물들의 서식지

2부 **젖먹이 동물 - 수달** _ 147

지 못한 게 다행이랄까.

한강을 제외한 4대강은 모두 하구가 틀어 막혀서 바다와 강을 오가는 생명이 온전히 살 수 없게 되었어. 수달이 가끔 잡아먹기도 하는 물새들은 바뀐 환경에 당황하며 떠나 버렸어. 배를 띄우기 위해 수중보를 만들어 물이 깊어지면서 한강의 얕은 물에 적응했던 철새의 수가 줄어든 거야. 수달도 마찬가지야. 아무리 수영을 잘하는 수달이라지만 수심이 5m를 넘어서면 물고기를 사냥하기 버겁거든.

답답한 마음에 산책하려고 한강에 나왔어. 콘크리트에 간혹 물결이 철썩이는 정도를 제외하면 강은 잔잔해서 마치 호수 같아. 강은 물이 흐르는 생태계인데 말이야. 해가 지자 공원을 찾아온 시민들은 콘크리트 사이로 자리 잡은 잔디밭에서 휴식을 취해. 푸드 트럭이 쏟아 내는 고기 냄새가 진동하는구나. 6차선 강변 자동차 길에선 자동차의 소음이 웅웅거리고, 밤새 빛이 환해. 버스킹하는 아마추어 가수들의 노랫소리가 슬프게 들려. 사람 외에 다른 생명들은 초대받지 못하는 강변의 모습이야.

● 강물이 자유롭게 흐르면 일어날 일들

너무 감상에 빠진 것 아니냐고? 글쎄, 삼촌이 보기에 이런 풍경은 사람은 많지만 오히려 빈곤해 보여.

수달 같은 최상위 포식자를 흔히 '우산종'이라고 해. 수달을 보호하다 보면 하천에 깃들어 사는 다양한 생명들도 보호받을 수 있어. 수달이 사라졌다가 다시 들여온 유럽의 사례를 보면 수달이 돌아온 강에서는 물고기의 다양성이 증가했다고 해. 물고기가 다양해지자 새의 종류도 다양해졌어.

고맙게도 우리 수달은 사람의 힘을 빌지 않고도 끊임없이 영역을 확장해 왔어. 2000년대에 이르러 대전 갑천, 대구 신천, 광주 광주천 등 전국 대도시의 거의 모든 하천에서 관찰되었어. 그리고 마침내, 2016년 3월, 거의 40년 만에 수달이 서울에 돌아왔어! 그것도 새끼를 3마리나 데리고 말이야.

새끼들이 다 자라서 부모로부터 독립하면 서울의 곳곳으로 자기 영역을 가지려고 퍼져 나갈지도 몰라. 하지만 도시의 녹록치 않은 환경을 생각하면 한강에서 살아갈 수달 가족의 앞날이 걱정스러운 게 사실이야.

한강은 자유로운 강이었어. 강원도 태백 깊은 산속 검룡소에서 시작한 물줄기가 금강산에서 내려온 물과 만나 서울을 가로지르다가 임진강과 바다로 흘러드는 커다란 강이야. 지형 따라 물길 따라 구렁이처럼 구불구불, 때로는 격렬하게 때로는 잔잔하게 흘렀어. 격렬히 흐르며 깎아낸 모래를 잔잔하게 흐르며 토해 냈지. 그런 곳에는 표범장지뱀과 물떼새, 다양한 수서 생물들의 서식처인 모래밭이 생겼지.

서울을 가로지르는 한강에는 섬도 많았어. 밤섬, 난지도, 저자도, 뚝섬, 잠실섬, 부리도, 반포섬, 무동도, 무학도…. 한강은 이들 섬 옆구리에 자갈, 모래, 흙을 깎아 내기도 하고 쌓아 놓기도 하며 다양한 환경을 만들어 냈어. 물고기, 새, 포유류는 각각 좋아하는 물의 깊고 얕음이 다르고, 물의 흐름도 달라. 다양한 동물들이 만족할 만한 집이 한강에 많았어.

때때로 달이 바닷물을 끌어 당겨서 부풀어 오르면 서울 너머까지 짠물이 흘러들었어. 이럴 때면 바다와 강을 오가는 많은 물고기와 게들이 넘실거렸어. 여름이면 땅 너머까지 물을 토해 냈다가 다시 물을 거두었지. 이렇게 생긴 습지는 다양한 수서 생물과 양서류의 터전이었고.

수달은 강이 차려 놓은 풍성한 식탁을 누렸어. 구불구불 복잡한 강변의 지형은 안전한 서식처였지. 배부르게 먹고는 물고기가 노니는 물속이 내려다보이는 물 가운데 바위에, 부드러운 모래밭 물가에 다섯 발가락이 선명한 발자국을 종종종 찍으며 돌아다니다가 모래를 긁어모은 위에 똥을 누었지.

한강이 다시 자유롭게 흐른다면 볼 수 있는 풍경일 거야. 우리 함께 상상해 볼래? 강변의 콘크리트를 걷어 내고 댐을 허물어 강에 자유를 주는 거야. 한강의 흐름은 다시 커다란 모래밭을 만들어 다양한 생명이 깃들게 되겠지. 옛날처럼 고운 흰 모래가 감싼 섬의 풍경을 보며 수영을 즐길 수 있을지도 몰라. 그 풍경들 사이, 모래밭 가장자리에서는 어지러운 새 발자국 사이로 수달 발자국이 보여.

수중보를 허물어 서해 바닷물과 자유로이 얽혀 흐르는 한강이라면 어떨까? 강물과 바닷물이 만나는 강 하구는 수많은 생명이 모여드는 곳이야. 대나무 낚싯대를 쓰던 어르신들의 희미한 기억 속에서나 존재하던 다양한 물고기가 자유롭게 한강을 드나들고, 이를 따라 강에 들어온 돌고래인 상괭이가 보일지도 몰라. 지금도 하류에서 종종 목격되었다는 소식이 들리니 말이야. 무너미땅을 따라 수영을 즐기는 고라니도 보이겠지? 언제쯤이면 우리 강이 자유를 되찾게 될까? 도시에서 야생 동물들과 같이 사는 방법을 사람들이 잘 알게 되는 날이 아닐까?

부록

우리나라 야생동물구조센터

- **강원도 야생동물구조센터**
  춘천시 강원대학길 1 [전화] 033-250-7504
- **경기도 야생동물구조관리센터**
  평택시 진위면 동천길 132-93 [전화] 031-8008-6212
- **경남 야생동물센터**
  진주시 진주대로 501 [전화] 055-754-9575
- **경북 야생동물구조관리센터**
  안동시 도산면 퇴계로 2150-44 [전화] 054-840-8250
- **광주 야생동물구조관리센터**
  서구 무진대로 576 [전화] 062-613-6651
- **대전 야생동물구조관리센터**
  유성구 대학로 99 [전화] 042-821-7930
- **부산 야생동물치료센터**
  사하구 낙동남로 1240-2 [전화] 051-209-2091
- **서울시 야생동물센터**
  관악구 관악로 1 [전화] 02-880-8659
- **울산 야생동물구조관리센터**
  남구 남부순환도로293번길 25-3 [전화] 052-256-5322
- **인천 야생동물구조관리센터**
  연수구 송도국제대로372번길 21 [전화] 032-858-9702
- **전북 야생동물구조관리센터**
  익산시 고봉로 79 [전화] (익산) 063-850-0983
- **전남 야생동물구조관리센터**
  순천시 순천만길 922-15 [전화] 061-749-4800
- **제주 야생동물구조센터**
  제주시 516로 2946 [전화] 064-752-9982
- **충남 야생동물구조센터**
  예산군 예산읍 대학로 54 [전화] 041-334-1666
- **충북 야생동물센터**
  청주시 청원구 오창읍 양청4길 45 [전화] 043-249-1455